Lar Esperança

Antônio Lúcio

Lar Esperança

Dados Internacionais de Catalogação na Publicação (CIP)
(Câmara Brasileira do Livro, SP, Brasil)

Lúcio, Antônio
Lar Esperança / Antônio Lúcio. -- Bauru, SP : CEAC Editora, 2008.

ISBN 978-85-86359-64-4

1. Crescimento espiritual 2. Espiritismo. 3. Mediunidade I. Título.

08-C2367 CDD-133.9

Índices para catálogo sistemático:
1. História espírita : Espiritismo 133.9

2ª edição - julho de 2008 - de 5.001 à 10.000 exemplares

Edição e distribuição

CEAC
EDITORA

Rua 7 de Setembro, 8-56 • Fone/Fax 014 3227 0618
CEP 17015-031 - Bauru - SP
e-mail: editoraceac@ceac.org.br
site: www.ceac.org.br

ISBN 85-86359-64-4
Capa: Júnior Custódio / Projeto gráfico: studiograff
Revisão: Cinthia Maria Ramazzini Remaeh
Coordenação Geral: Sylvio Guilherme de Mello

Agradecendo...

Agradeço a Deus, nosso Pai Eterno, pelas bênçãos incessantes que generosamente estende em nossos caminhos.

A Jesus, nosso Mestre Amigo, pelo Santo Evangelho, a luz que nos norteia os passos.

A Maria de Nazaré, Sublime Espírito que apoiou Jesus em seus primeiros passos e que nos ampara o caminhar até hoje.

Aos Mensageiros Celestes, dignos Obreiros do Senhor, pelo esforço incansável na implantação do Evangelho.

A minha família: esposa e filhos, pelo carinho, pelo incentivo e pela harmonia no lar.

Ao querido amigo espiritual Luciano Messias, pelo carinho que nos tem dedicado, permitindo levarmos avante esse nosso humilde trabalho.

Aos amigos, companheiros de todos os dias, que sempre nos dão o seu apoio.

Enfim, a todos os que, nesses tantos caminhos, têm contribuído para o nosso crescimento espiritual.

Sumário

Breves palavras 7
1 • *O enjeitado* 9
2 • *Um inimigo invisível* 19
3 • *Iniciando a tarefa* 29
4 • *A partida* 37
5 • *O solo e a semente* 45
6 • *Águas claras* 51
7 • *O poder da oração* 59
8 • *Ponte pênsil* 65
9 • *Morre Frei Francisco* 71
10 • *A revelação* 77
11 • *Difícil decisão* 85
12 • *Em busca do amor de mãe* 95
13 • *O educador* 105
14 • *Perseguição gratuita* 111
15 • *Tramas ocultas* 119
16 • *Mãe e filho* 127
17 • *A visita de Zózimo* 137
18 • *Novos frutos* 145
19 • *Um novo orfanato* 151
20 • *O amor sempre vence* 159
21 • *Uma união feliz* 165

Breves Palavras

Quando começamos a escrever Lar Esperança, não tínhamos a mínima noção do que ocorreria e qual seria o personagem central da história. Inclusive, começamos a escrever a obra com um título diferente do atual. Luciano Messias, o nosso querido benfeitor, por certo concordou com a referida mudança, pois senti no momento uma sensação de paz jamais experimentada.

Como Médium Intuitivo, escrevemos sob um impulso que não conseguimos definir: vamos digitando as palavras, as frases, com a noção exata do que estamos escrevendo, mas sem saber o que será escrito no próximo, ou próximos capítulos. Às vezes pequenos detalhes que julgamos no momento sem muita importância, nos capítulos subseqüentes encaixam-se perfeitamente.

Jamais poderíamos imaginar que aquele bebê abandonado em frente ao portão do Convento de Consolação, seria o **personagem principal** do nosso despretensioso livro e que seu amor à Causa do Bem, fosse levá-lo até ao Lar Esperança, para os braços da mãezinha que o abandonara.

◇

Lar Esperança, um simples relato da vida de Benjamim, alguém que, vivendo num local distante das grandes cidades fez de tudo para espalhar as luzes do

Evangelho, sem ter a preocupação de pertencer a essa ou àquela religião. O que lhe importava era acender nas mentes a "Luz da Verdade" e socorrer todos os necessitados através da oração.

◇

Leitor amigo, a nossa humilde história não fala dos problemas complexos da atualidade, mas de problemas que sempre existiram no seio de todas as sociedades e, mais particularmente, encalacrados no imo de cada ser. Dentre eles, podemos destacar: o abandono de recém-nascidos, a arrogância religiosa, a imoralidade, a ganância, etc, etc.

Sabemos que nosso Deus, através das Benditas Falanges do Bem, sempre está presente entre as criaturas para promover o crescimento de cada um. Assim, dentro de uma religião, ou fora dela, existem almas bondosas que corrigem as falhas de suas vidas passadas, trabalhando em favor da humanidade.

Cabe a cada um de nós, nesta existência, aproveitar a oportunidade, dando o melhor de nós em favor de cada criatura!

Antonio Lúcio

Mogi Guaçu-SP/Março/2006

capítulo 1

O enjeitado

"Não vos esqueçais da hospitalidade, porque, por ela, alguns, não o sabendo, hospedaram anjos". – Paulo (Hebreus, 13:2)

A noite lá fora em plenilúnio era um magnífico espetáculo de grandeza, ensejando aos corações enamorados motivos de sonhos e poesias. O céu límpido, despovoado de nuvens, deixava a lua prateada demonstrar todo o seu esplendor... Estrelas faiscavam na imensidão cósmica, dando a impressão de que aquela paz jamais seria ofuscada por qualquer acontecimento.

No entanto, na penumbra da cela de um convento, um jovem de aproximadamente dezoito anos agitava-se todo sob os domínios de um terrível pesadelo. Um suor frio brotava-lhe no rosto, e com tremores, mais parecendo uma convulsão, o pobre Ben gemia, franzia a testa e não conseguia acordar.

Aquele menino de outrora, hoje transformado em um forte rapaz, era "o pau pra toda obra" naquele local e, na segunda parte do dia, o zelador da biblioteca do antigo convento. O seu problema, o de ter constantes pesadelos, ou às vezes falar sozinho durante a noite, começou a aparecer desde os seis anos de idade.

Foi Frei Zózimo quem o acordou numa noite em que o pobre agitava-se todo ao ser acometido por um daqueles pesadelos. A partir daquela data, Zózimo manteve em segredo aquela anomalia, procurando ajudá-lo no que fosse possível.

Quem visse aquele moço de olhos castanhos, pele bronzeada e maneiras gentis, poderia pensar: "Como alguém, sem o hábito e sem pertencer à Igreja, pode estar ali cuidando de várias centenas de livros da biblioteca de um convento?"

No entanto, a educação que Zózimo lhe transmitia, o carinho que lhe dedicava como a um filho do coração, fazia de Ben uma criatura de companhia agradável e benquista por todos os que habitavam aquela casa consagrada ao Senhor.

◇

Foi exatamente numa noite enluarada como aquela, que Zózimo, então bem mais moço, ouviu dentro da noite, um choro de criança... Comunicando o fato a Francisco, seu superior, este lhe disse que era simplesmente pura cisma, ou então falta de sono... Que Zózimo voltasse para cama e dormisse.

O pobre Zózimo, entristecido pela reprimenda, estava voltando para a sua cela quando ouviu de novo e agora bem mais forte, um choramingar de recém-nascido... Sem pensar nas conseqüências de sua insubordinação, apurou os ouvidos e pôde perceber que o choro vinha da porta principal. Mais do que depressa, dirigiu-se até lá e ao abrir a enorme porta, deparou-se com um pequeno cesto e um lindo bebê dentro.

Apanhou-o com todo o cuidado e após recolhê-lo, o pôs sobre uma mesinha no corredor. Sem vacilar, foi até o quarto de Frei Francisco e o chamou:

- Frei Francisco, Frei Francisco! É o Zózimo. Por favor, abra a porta e me atenda, por Deus do céu...

- Você de novo Zózimo? O que está acontecendo neste convento que ninguém pode mais dormir sossegado?

- Desculpe-me, irmão Francisco, mas não era cisma minha não... Existe sim um bebezinho que alguém deixou na porta de nossa casa.

- Não é possível... Quem cometeria um pecado dessa proporção, abandonando uma criança na porta de um convento?

- Perdão, Frei Francisco, eu já recolhi o cesto com o bebê e existe um papel dentro... Talvez seja uma carta explicando o porquê do abandono.

Os dois frades andando apressados, corredor a fora, logo se depararam com o precioso fardo... Era um robusto menino e que por certo deveria ter poucas horas de vida.

A carta dobrada dentro do envelope dizia: *Por caridade, ajudem uma pobre mãe que foi abandonada pelo marido assim que ele soube de sua gravidez. Sei que não é certo abandonar um filho, mas é bem melhor do que ceder às exigências de um homem sem entranhas que queria me forçar a abortar. Acolham o meu bebê. Não tenho condições de criá-lo. Vou ter que ir embora, pois sou estrangeira e sei que não conseguiria arranjar uma ocupação digna para criar o meu pobre filhinho. Neste momento estou repartindo o meu coração em dois... Levo somente a metade comigo, a outra parte deixo com meu pobre bebê que teve a infelicidade de ter um pai sem coração.*

Cuidem dele em nome do Senhor Jesus... Desejo que ele seja muito feliz e, se por ventura, um dia ele ler estas linhas, possa me perdoar e entender o desespero de uma mãe abandonada (CCS).

Ao término da leitura feita por Francisco, os olhos de Zózimo estavam marejados de pranto. Apesar das explicações dadas por aquela mãe, ele não aceitava aquela atitude.

- É – disse Frei Francisco – a vida tem os seus mistérios... Vamos até a cozinha ver se ainda temos um pouco de leite, pois esse garotão deve estar com fome.

Os demais, ao ficarem sabendo do ocorrido na noite anterior, quiseram conhecer a criança... Zózimo contentíssimo os levou até a sua cela e cheio de "zelos e não me toques" mostrou o bebezinho a todos. A maioria achou o nenê uma gracinha e adoraram a idéia de ter uma criaturinha com que se preocupar... Somente Frei Frederico e Frei Carmelo acharam que não teriam mais paz e nem condições de dormirem tranqüilos.

Dentre todos, Zózimo era o que mais se sentia feliz com a presença daquele bebezinho. Enquanto cada um disputava a sua vez para segurá-lo, ele lembrou de algo muito importante:

- Espere aí, a carta não dizia o nome do bebê. Isso quer dizer que temos que escolher um e batizá-lo. E como fui eu quem o encontrou primeiro, vou querer que ele se chame Benjamim, que significa "**o filho caçula**".

No entanto, a coisa não era tão simples assim. Frei Francisco só permitiu que o bebê ficasse no convento até que fossem encontrados a mãe ou algum parente que se responsabilizasse por ele.

No mesmo dia à tarde, Francisco enviou Frei Nicolau e Frederico até a aldeia de Consolação, com o fim de encontrar a mulher que tinha deixado o recém-nascido na porta do convento, pois a única coisa que sabiam é que era estrangeira e seu nome pouco significava, pois eram apenas três letras: CCS.

Perguntaram em alguns estabelecimentos e em diversas casas de moradia e ninguém soube dar uma resposta satisfatória. Alguém disse conhecer uma mulher com sotaque estrangeiro. Era uma senhora já com uma certa idade. Só que conheciam-na como Lina e por essa divergência, os frades retornaram ao convento, relatando tudo o que conseguiram, isto é, quase nada.

Diante da dificuldade de se encontrar a mãe, o nenê foi registrado como Benjamim, e assim, "Ben" ficou morando no convento e foi criado com muito amor e carinho.

Zózimo nunca mediu esforços na alimentação do pequerrucho... Era papinha disso ou daquilo, mingaus de variados sabores, leite puro de vaca... isso tudo fez com que Benjamim crescesse forte e saudável.

Quanto à educação, o bom Zózimo fez de tudo. Ensinou gramática, deu-lhe uma boa noção de química e física, ensinou tudo o que sabia sobre matemática e fez questão de iniciá-lo no campo religioso, ensinando de uma maneira inusitada... ensinava-o enquanto caminhavam pelos campos e pelo povoado.

Assim, além de ministrar ao menino os ensinamentos contidos nos livros religiosos, ensinava também que todos os homens eram filhos de Deus e, portanto, irmãos, o que fez crescer naquele coraçãozinho o amor a Deus e às criaturas.

Passaram-se os anos, Benjamim já era um belo jovem, mas continuava tendo os mesmos pesadelos... Numa noite de calor intenso, Frei Nicolau, após tomar o último gole da sua moringa, foi até a cozinha para enchê-la novamente e ao passar em frente à porta de Ben, ouviu-o gemendo e respirando com sofreguidão... Pensando nas piores coisas, empurrou a porta e se deparou com o moço contorcendo-se e dizendo palavras incompreensíveis:

- Não, não me mate... eu devolvo tudo...

Nicolau, muito assustado, percebeu que Ben estava sob o efeito de um terrível pesadelo e o chamou. Como Benjamim estava tão cansado, que virou para o lado e continuou a dormir, limitou-se a sondar se não estava delirando de febre e depois foi dormir também.

Nem bem tinha amanhecido, Nicolau estava batendo na porta de Zózimo, e assim que a porta lhe dava passagem, entrou apavorado e a fechou sem antes espiar se não estava sendo visto.

- O que está acontecendo Nicolau? Até parece que você vai tirar seu pai da forca...

- Fale baixo irmão Zózimo, as paredes têm ouvidos.

- Mas que diacho está acontecendo? O irmão não ata e nem desata...

- Calma, calma, eu vou falar. Deixe-me tomar um fôlego primeiro... Sabe o que eu descobri ontem à noite? O nosso querido Ben pode estar sob o domínio do demo...

- Vamos com calma Nicolau, o que você está sabendo e que eu não sei? Vamos, me diga logo...

- Ontem à noite, quando fui encher minha moringa na cozinha, ouvi uns gemidos no quarto do Benjamim e...

- Valha-me Deus, você achou uma mulher no quarto do nosso menino?

- Pare de delirar Zózimo e me deixe terminar... Ouvindo gemidos, respiração opressa e vozes, entrei para ver o que era e constatei que Ben têm pesadelos durante o sono. Ele estava pedindo a não sei quem que não o matasse... Que ele devolveria tudo.

- Arre! Nicolau, que susto você me deu...

E com o coração saltando mais que touro bravo, Zózimo esclareceu:

- Fique tranqüilo, eu já estou sabendo que o Ben tem esse problema desde pequeno.

- E você nunca contou nada pra ninguém? Nem pra mim que adoro aquele garoto como se fosse meu próprio filho?

- E pra que alarmar todos os irmãos, se Frei Francisco não aceita que se toque nesses assuntos que fogem à compreensão humana? Estou devagarinho, com muito jeito para não assustá-lo, tentando fortalecer sua alma através da oração... Somente assim ele poderá se libertar desses pesadelos terríveis.

- Tudo bem Zózimo... Eu concordo que a oração ajuda, mas você sabe também que em certos casos, é preciso fazer algo mais em favor dos que vivem sob o domínio do desconhecido. Só quero que você me prometa uma coisa...

- E qual é a promessa que devo fazer, Nicolau?

- Que me deixe também tentar ajudar o nosso querido Benjamim.

capítulo 2

Um inimigo invisível

"Se alguém disser: Amo a Deus, e odiar a seu irmão, é mentiroso; pois aquele que não ama a seu irmão, a quem vê, não pode amar a Deus, a quem não vê". – I João 4:20.

Zózimo e Nicolau, a partir daquela manhã, começaram a pensar numa maneira de ajudar Benjamim. Todavia, sabiam que era necessário ter muito cuidado para não assustar o moço e, mais cuidado ainda, para que Frei Francisco não suspeitasse de nada.

Depois de pesquisarem por alguns dias um jeito simples de pôr os seus planos em execução, numa quinta feira à tarde, os dois frades apareceram na biblioteca para conversar com Ben.

- Boas tardes, Benjamim – os dois cumprimentaram ao mesmo tempo.

- Boas tardes, senhores, que bons ventos os trazem? O que este humilde servo pode fazer pelos senhores?

- Nós estamos à procura de um livro sobre assuntos transcedentais. Você sabe se temos um no convento? – perguntou Nicolau.

- Mas os senhores não se lembram o nome do livro, ou do autor?

Zózimo, respondeu:

- Não sabemos o título, mas o autor é um professor francês, que usa o pseudônimo de Allan Kardec.

- Sim, nós temos cinco livros desse autor e são aqueles ali de capa azul. Só que ficam trancados... Creio que esses livros falam sobre espíritos e o irmão Francisco me disse que são livros proibidos.

Zózimo, olhando para os referidos livros comentou:

- Olhe, Nicolau, é aquele segundo da esquerda para a direita... Sabe, eu sempre tive vontade de ler alguma coisa sobre esses assuntos que escapam à visão do corpo físico, porém, sempre tive medo de Frei Francisco, pois ele não aprova essas leituras.

- E não aprova mesmo – salientou Nicolau. Temos que estudar às escondidas. Caso contrário, teremos que ouvir aqueles duros sermões de Frei Francisco na sala do capítulo e sem falar que temos que pegar as chaves.

- Perdão – desculpou-se Benjamim – mas o que tem de tão interessante nessa obra "O Livro dos Médiuns?"

O assunto caiu à baila como esperavam os frades. Aproveitando a oportunidade, Zózimo informou ao seu pupilo:

- Este livro trata de assuntos pertinentes a coisas sobrenaturais, como influências espirituais, premonições, sonhos, pesadelos etc.

- Nossa, eu gostaria tanto de ler esse livro... Talvez quando os senhores o devolverem, eu o leia.

- Fique tranqüilo Ben. Tudo o que for interessante, nós comentaremos com você. Quanto à leitura desse livro por você, seria perigoso demais... Se o irmão Francisco flagrar você lendo obras proibidas, poderá expulsá-lo do convento.

◇

A semente fora lançada e de uma maneira bastante eficaz. O pobre moço, que até àquela data sempre acordava aos sobressaltos depois de terríveis pesadelos, ficou deveras interessado no assunto.

Após a saída dos frades, Benjamim ficou a matutar: "Esse livro bem que poderia apresentar uma solução para os meus pesadelos. Sofro só em pensar de ter que dormir e acordar sufocando!"

◇

Com o passar dos dias, Nicolau e Zózimo procuraram o que mais interessava no livro e tiveram a nítida certeza de que seria possível ajudar o rapaz com eficiência, desde que ele aceitasse a ajuda. Assim pensando, decidiram que Zózimo deveria colocá-lo a par do que pretendiam e só depois do seu consentimento, passariam a se reunir em dias alternados e em quartos diferentes para não levantar suspeitas.

Numa tardinha, bem antes do anoitecer, Zózimo e Benjamim saíram pela estrada como faziam nas costumeiras aulas de religião. Depois de se afastarem por um quilômetro, o querido frade que se tornara um pai para Ben, entabulou a seguinte conversa com o discípulo:

- Ben, você deve estar lembrado que eu e mais Nicolau pegamos "O Livro dos Médiuns" para estudarmos conjuntamente, e com certeza você ficou no mínimo curioso para saber o que estamos pretendendo. A nossa pretensão é colocá-lo ciente do que sabemos, e do que podemos fazer no sentido de ajudá-lo. É claro, se você quiser... Deixe-me ser mais claro. Eu e Nicolau sabemos que você trava à noite uma luta titânica contra os seus pesadelos e gostaríamos de vê-lo livre desse martírio. Você nos deixa ajudá-lo?

- Oh! Meu querido Zózimo, o que seria de mim sem você por perto? Como me sinto pequeno, frágil, para agradecê-lo suficientemente por tudo o que tenho recebido de vossas santas mãos! Sempre me ensinando o melhor caminho... conduzindo-me ao caminho do bem. É claro que eu aceito a colaboração dos dois.

- Então vamos fazer o seguinte, hoje, às vinte e duas horas, vá até a minha cela. O Nicolau também vai pra lá, só que faltando dez para as vinte e duas horas. É uma maneira de tentar disfarçar e não sermos pegos de surpresa no que pretendemos fazer. No término de toda reunião, marcaremos o novo dia e o horário da próxima...

- Perdoe-me, irmão Zózimo, mas como os senhores ficaram sabendo dos meus pesadelos?

- Benjamim, eu sei desde que você era um menino. E o Nicolau ficou sabendo dias atrás quando foi até a cozinha e ouviu você falando enquanto dormia. Então, Nicolau me procurou e, creio, foi Deus do Céu que me fez lembrar do livro que vai nos fornecer as orientações necessárias para ajudá-lo com eficiência. Eu bem que gostaria de tê-lo ajudado antes, porém eu me sentia incapacitado de levar avante esse trabalho, pois sabemos que é proibido portas adentro de um convento.

◇

Naquela noite, no horário aprazado, houve o encontro dos dois frades e mais Ben no quarto de Zózimo. Foi uma reunião de pesquisas e anotações, pois os frades queriam agir sabendo de que maneira Benjamim estava vinculado com algum acontecimento do passado que o tornava presa fácil de alguma força desconhecida durante o sono. Assim, Nicolau e Zózimo solicitaram a Benjamim que lhes contasse, e se possível pormenorizadamente, tudo o que conseguisse se lembrar de seus pesadelos.

Prometendo ser o mais fiel possível no relato, Benjamim começou a contar.

- Desde quando, ao certo, eu não me lembro, pois faz muito tempo. Quando esses pesadelos iniciaram, eu tinha muito medo, pois quando acordava, punha-me a chorar como um bezerro desmamado. Ah! – eu pensava – como seria tão bom ter uma mãe como os meninos da aldeia, ter alguém com quem desabafar. Quando eu tinha esses benditos pesadelos, passava o resto da noite sem dormir. O medo era tanto, e eu sozinho na solidão do meu quarto...

- Mas por que você nunca me procurou, Ben? Eu poderia tê-lo ajudado tanto! Ah, esqueça. E peço que você me desculpe. Eu é que deveria procurá-lo, dizer que já sabia do seu problema e ter oferecido ajuda. Tudo seria muito mais fácil.

- Não tem problema, irmão Zózimo. Eu também não procurei ajuda, e quem sabe, naquele tempo, tudo seria mais difícil... Se hoje estamos reunidos nesta cela, é porque o presente é mais propício do que o passado para solucionar o caso, mesmo porque, os meus antigos credores não têm pressa e eu como devedor, já devo ter algumas parcelas pagas da minha antiga dívida para com eles.

- Mas, continue Ben, por favor – pediu Nicolau:

- Em meus pesadelos sempre aparecem dois homens.

Creio que são piratas, a julgar pela maneira de suas vestes. Sempre estão cobrando uma certa quantia em dinheiro e mais um baú contendo jóias que eu lhes roubei e dizem que escondi. Só que não me lembro de nada.

Zózimo satisfeito com o que ouviu bateu amigavelmente no ombro de Nicolau e disse:

- Creio que por hoje basta. Não podemos correr nenhum risco, pois já sabemos o suficiente para iniciarmos o que temos em mente. A próxima reunião será amanhã, na cela de Nicolau, e vamos manter o mesmo esquema no horário. Faremos diversas reuniões com leituras do evangelho e orações para que haja uma certa afinidade no grupo e, na última, a decisiva, será no quarto de Benjamim, quando tentaremos um contato com as duas entidades do passado.

◇

No dia seguinte, após os seus deveres rotineiros, Nicolau procurou Zózimo e perguntou-lhe:

- Zózimo, até agora ainda não entendi como o irmão vai falar com os seres do passado, ou seja, os espíritos que tanto atormentam o nosso Ben! Se fôssemos kardecistas, ou como eles se auto denominam, médiuns, então tudo seria mais fácil. Não vai me dizer que você vai me transformar em um médium espírita, pois não tenho a menor vocação pra isso.

- Ora, ora Nicolau, tem hora que você é tão hilário que me dá vontade de rir. Nós não precisamos de outro médium, além do próprio Benjamim. Quando formos realizar a última parte de nossa ajuda ao Ben, teremos que ficar em alerta até que ele adormeça. Depois é só esperar e tentar convencer os espíritos dos "ex-piratas" que não pertencem mais a esse mundo.

- Mas e se um desses espíritos se revoltar e começar a gritar, o que faremos?

- Já pensei nisso. As paredes das celas são grossas e também a porta e a janela. O que temos que providenciar são alguns tapumes de pano para vedar as frestas da janela. Na porta alguns sacos vazios que usamos para colocar mantimentos serão suficientes.

◇

As primeiras reuniões serviram como o previsto por Zózimo, de preparação para que o resultado final fosse coroado de êxito. Enquanto as três criaturas se reuniam, ora numa cela, ora na outra, uma falange de Espíritos Iluminados, também se empenhava ao máximo do outro lado, tendo em vista a missão que Benjamim teria que desempenhar na face da Terra.

A última reunião aconteceu na cela de Benjamim e primou-se pela simplicidade e eficiência. A pedido de Zózimo, Ben orou o Pai Nosso depois do qual rogou a proteção de Deus em benefício de todos os sofredores do mundo, rogando também a Luz Divina em favor de Nicolau e Zózimo para que fossem abençoados em seus propósitos.

Em seguida, obedecendo a orientação dos frades, Benjamim deitou-se, procurando relaxar o máximo possível, enquanto Zózimo e Nicolau se revezavam em pequenas leituras do Evangelho, feitas em voz quase sussurrada. Isso fez com que o moço logo adormecesse e em breves minutos, Benjamim começou a se contorcer e a dizer palavras ofensivas e carregadas de ódio:

"O que vocês, seus urubus, estão pretendendo? São defensores desse velhaco? Se vocês pensam que vão se livrar de nós, estão muito enganados".

Zózimo interveio com bondade, mas falando firme:

- Não estamos querendo prejudicá-los e sim ajudá-los. Mas pra isso é necessário que você e seu companheiro nos ouçam. Há quanto tempo vocês não conseguem conversar amigavelmente com alguém? Quando foi que vocês conversaram pela última vez com os seus familiares? Com certeza, foram casados, tiveram mulher e filhos. Vocês se lembram do timbre da voz e da cor dos olhos de suas mães? Se lembram, são muito mais felizes do que o pobre rapaz ao qual perseguem através dos pesadelos que vocês provocam. O Benjamim, esse rapaz pelo qual você está falando comigo, foi abandonado e não teve a felicidade de ter uma mãe ao seu lado. Vocês tiveram e, por um punhado de moedas e jóias as abandonaram. Pensem bem... Quanto tempo perdido por nada. Rememorem o passado distante, vocês não têm mais aquele corpo que poderia se beneficiar com os valores do mundo. Vejam ao lado de vocês, como são felizes os seres que se iluminaram no conhecimento e praticaram o amor ensinado por Nosso Senhor Jesus Cristo.

O ser que se comunicava através de Ben, começou a soluçar e vendo-se tão embaraçado pelas palavras sensatas de Frei Zózimo, perguntou:

"Que local é esse e por que estamos perdendo as nossas forças?"

- Esse local é uma casa consagrada a Jesus que muito sofreu e ainda sofre com os erros e as injustiças praticadas pelos homens, mas que se rejubila quando alguém reconhece seus erros e se arrepende. Quanto às suas forças, não temos condições de dizê-lo, mas podemos garantir que a maior força é a do Amor. A força que tem aquele que ama e que ninguém poderá retirá-la.

"O que vocês querem de nós dois? O que vão fazer conosco?"

- Queremos que vocês se arrependam e mudem de atitude. Que busquem em companhia desses Iluminados, uma nova vida.

"Está bem, está bem... Eles estão nos chamando, iremos com eles. Adeus, e peça pro Fagulha nos perdoar".

capítulo 3

•

Iniciando a tarefa

"A sabedoria, porém, lá do Alto, é primeiramente pura; depois, pacífica, moderada, tratável, cheia de misericórdia, e de bons frutos, imparcial, sem fingimento". – Tiago 3:17

A reunião efetuada naquela noite serviu para tirar dois filhos de Deus das sombras do erro e propiciar a Benjamim a oportunidade de melhor servir aos seus semelhantes. A conversa entre Zózimo e o ex-pirata, através de Benjamim em transe, fez com que o rapaz deixasse aflorar os seus dons mediúnicos e que, doravante, seriam bênçãos no caminho dos necessitados.

Agora, as noites de Ben eram tranqüilas e não mais existiam os sofridos pesadelos que tanto o importunavam. Como o trabalhador que não espera outra bênção senão a oportunidade de servir, logo após adormecer, Ben via-se em espírito em locais diferentes, onde a miséria e o sofrimento grassavam, conclamando-o ao santo mister de auxiliar.

Outras vezes, em companhia de Zózimo nas suas caminhadas pela aldeia, ao deparar-se com criaturas adoentadas, tinha uma imensa vontade de afagar os rostos macilentos dos sofredores.

E como **Deus age na Terra pelas mãos dos homens de boa vontade,** numa tarde, quando voltavam de suas costumeiras caminhadas, uma certa aglomeração de pessoas numa das casas chamou-lhes a atenção.

Benjamim segurando Zózimo pelo braço, pediu:

- Irmão, por Deus do céu, vamos ver o que está acontecendo. Sinto que estão precisando de nós...

- Mas Ben... Como frade eu não posso misturar-me com pessoas comuns. O Frei Francisco não gosta.

- Eu sei, irmão Zózimo, então me permita que eu vá. Por favor!

- Tudo bem, mas ao voltar para o convento, procure entrar às escondidas para evitar comentários.

Benjamim aproximou-se da casa e procurou saber o que estava acontecendo. Um velho franzino e de cabelos brancos, esclareceu:

- É o Jamil que está tendo um ataque.

- O senhor conhece a família do Jamil?

- Sim, conheço, somos vizinhos há mais de trinta anos.

- Por favor, leve-me até o doente, pois gostaria de vê-lo.

Com a ajuda do velho Candinho, Ben conseguiu se aproximar do doente. O pobre rapaz contorcia-se feito uma cobra mal matada e babava como um doido.

Erguendo as duas mãos para chamar a atenção, Benjamim solicitou:

Por favor, afastem-se um pouquinho. O doente precisa respirar, qualquer aglomeração de pessoas desesperadas só faz aumentar o desespero.

Benjamim tomou as duas mãos do doente e perguntou:

- Quem são os pais do Jamil?

- Eu sou Judite, a mãe. Jamil não tem pai, pois sou viúva.

- Dona Judite, eu gostaria de orar em favor de seu filho, mas para isso precisaria que ficassem comigo somente três pessoas. A senhora e mais duas.

Judite pediu a Marisa, sua filha, e a seu genro que ficassem, e os demais foram saindo, um a um.

Depois que saiu a última pessoa e a porta foi fechada, Ben pediu que os familiares de Jamil fechassem os olhos e orassem em pensamento. Logo após, elevou o pensamento ao Alto e pronunciou uma fervorosa prece:

- *Senhor Deus e Pai Criador, neste leito está um vosso filho precisando de vossas bênçãos. Permita-nos Senhor, que possamos ajudá-lo com a nossa oração e com tudo o que tivermos de bom dentro de nós. Que o nosso querido Jamil, após acordar, possa se sentir livre de seus males e retornar às suas atividades, vivendo na mais perfeita paz e alegria. Amém, Senhor!*

Após as últimas palavras da oração, Jamil já não mais se contorcia e parecia dormir. Benjamim pediu a Judite que escurecesse um pouco o quarto e o deixasse dormir até quando quisesse. Que ficasse tranqüila, pois um bom sono lhe faria bem.

Quando Ben saiu do quarto, todas as pessoas que se apinhavam na sala vieram ao seu encontro. Queriam pelo menos tocar com as pontas dos dedos em seus ombros, ou então, ter o contato de suas mãos, tanto a admiração que aquele jovem de tez queimada pelo sol conseguiu provocar naquela gente.

- Ei, você não é o moço que mora no convento? – perguntou uma senhora.

- Nossa, que bonita oração você fez. Estou até agora arrepiada – disse uma outra.

E Anselmo, cunhado de Jamil, maravilhado pelo que vira, disse para que todos escutassem:

- Eu nunca vi nada igual. Jamil estava se estrebuchando e quando o moço tomou as suas mãos, ele foi sossegando, como por um encanto.

Benjamim amavelmente, mas sério, solicitou às pessoas que voltassem aos seus afazeres, pois a família precisava refazer-se da apreensão que sofrera e que também o doente precisava de silêncio para ter um sono tranqüilo.

◇

Mesmo não dando respostas a todas as perguntas feitas, Benjamim, de maneira alguma, deixava de manifestar amor e carinho às pessoas que o cercavam. Seu jeito simples de ser, a maneira suave como olhava nos olhos das pessoas que o circundavam, faziam dele, pelo seu porte atlético, um Adônis e pela sua bondade, um Profeta que viera trazer um alento novo nas estradas do mundo.

A notícia do acontecimento daquela tarde, apesar de Benjamim, ter entrado furtivamente no convento e sem ser visto pelos frades, chegou aos ouvidos de Frei Francisco e uma forte bomba não provocaria maior alarde.

No dia seguinte, logo pela manhã, comandado pelos seus ímpetos, Francisco solicitou a presença de Zózimo e mais Benjamim. Queria uma explicação plausível sobre o que aconteceu na aldeia e, segundo ele soube, o autor fora Benjamim.

Dentro de poucos minutos, Zózimo e Ben, preocupados, estavam em frente à sala de Francisco. Com o pensamento em Deus e benzendo-se todo, Zózimo bateu à porta e a voz rouquenha de Francisco se fez ouvir:

- Quem é?

- Zózimo e Benjamim, irmão Francisco.

- Entrem e tranquem a porta, pois vamos ter uma longa conversa.

Com os corações aos saltos, entraram, trancaram a porta e se postaram frente à escrivaninha onde Francisco estava sentado.

Francisco, folheando um livro e de cenho carregado, como o céu prenunciando tempestade, mandou:

- Sentem-se e me expliquem: que história é essa de pessoas do convento estarem fazendo prodígios na aldeia de Consolação?

Benjamim adiantando-se, falou:

- Desculpe-me, irmão Francisco, o Frei Zózimo não tem culpa nenhuma. Eu é que transgredi o regulamento do convento.

- Mas como Zózimo não tem culpa, se você estava sob a responsabilidade dele? Agora que já aconteceu não importa de quem seja a culpa. Eu só quero saber o que aconteceu.

Benjamim calmamente explicou o acontecido da véspera e disse estar convicto de que é um dever cristão ajudar a quem sofre.

O frei-mor do convento, por um momento, ficou mais exasperado e bateu com força na mesa, dizendo:

- Ajudar os outros sim, mas se arvorar em um milagreiro é coisa bem diferente.

Zózimo se esforçava ao máximo para se conter. Também não encontrava uma maneira de introduzir-se na conversa para ajudar Ben.

Frei Francisco não dava tréguas. Continuava a questionar:

- Afinal de contas, Benjamim, o que você está pretendendo? Você está querendo manchar o bom nome do nosso convento, praticando milagres?

- Perdão, irmão Francisco, não houve nenhum milagre e se houve, foi Deus quem o fez. Eu apenas tomei as mãos do doente e orei fervorosamente ao Pai de todos nós.

O clima era tenso. Zózimo orava em pensamento, rogando a Jesus que protegesse o seu menino.

◇

Depois de alguns segundos de silêncio, Francisco levantou-se e deu o seu ultimato:

- Benjamim, eu gosto muito de você e sei que todos o querem bem, mas eu não posso permitir que o nome do convento seja envolvido com fenômenos de curandeirismo e nem outros fatos escusos. Portanto, mesmo com o meu coração sangrando de dor, eu te peço: deixe esse convento.

capítulo 4

A partida

"Não te deixes vencer pelo mal, mas vence o mal com o bem". – Paulo (Romanos 12:21)

Foi um dia muito triste para todos os frades do convento da Aldeia de Consolação. Até mesmo Carmelo e Frederico, os mais rabugentos, tinham aprendido a gostar de Ben e, em sua partida, as picuinhas, as rabugices, deram lugar às lágrimas.

Zózimo e Nicolau não se conformavam com a decisão de Frei Francisco em expulsar Benjamim. Tentaram dialogar, mas sem sucesso.

O pobre rapaz, entristecido, juntou todos os seus pertences colocando dentro de uma sacola de couro que Nicolau lhe deu, abraçou um por um todos os queridos irmãos do convento, e por último, foi até a sala onde estava trancado Frei Francisco. Deu três pequenas pancadas na porta e ao ouvir, pode entrar, abriu a porta e foi dizendo:

- Desculpe-me, irmão Francisco, estou indo embora e não poderia fazê-lo sem me despedir do senhor.

E, apertando a mão de Francisco, falou:

- Fique com Deus, que com Ele eu vou.

Francisco, chorando por dentro, mas crendo que estava fazendo a coisa certa, saiu até a porta e ficou olhando Benjamim se afastar até sumir no final do corredor.

Quando o moço, saindo cabisbaixo, já estava deixando o convento, ouviu a voz de Zózimo, chamando-o:

- Ben, Benjamim, espere. Tenho algo a lhe entregar. Ainda bem que me lembrei a tempo!

- O que o senhor estava se esquecendo, meu bom Zózimo?

- A... aqui está... Nunca lhe falei nada sobre isso, porque não ia adiantar nada. É uma carta que deixaram na porta do convento com você, quando bebê. Nicolau e Frederico, naquele dia, a pedido de Frei Francisco, vasculharam a redondeza para apurar o que significavam as iniciais contidas na carta, mas em vão. Não conseguiram encontrar sua mãe. Agora que você vai embora, tem o direito de saber e espero de coração que você um dia a encontre.

- Obrigado mais uma vez irmão Zózimo, fique com Deus. Vou orar todas as noites em seu favor e em favor de todos.

◇

Se é que as criaturas humanas, quando descem ao cenário terreno, tem anotado em um livro todo o seu destino, o de Benjamim, com certeza, traçava o seu encontro com desafios constantes e acerbos padecimentos.

◇

Saiu estrada à fora, e de vez em quando olhava para trás para acenar um último adeus aos que ficaram chorando no portão do convento, vendo-o partir.

Partia sim e muito triste, por deixar para trás tantos corações amigos a quem aprendera a amar, porém, não partia magoado, pois intimamente, sabia que deveria ser assim. Não nascera para ser servido, mas para servir em nome de Deus. Chegara a hora de começar a tarefa para a qual viera ao mundo.

Com tantos pensamentos a lhe fervilhar na mente, caminhava rumo a Aldeia de Consolação. Agora que tinha em mãos a carta deixada pela mãe numa hora de desespero, era seu dever filial encontrá-la e ampará-la se preciso fosse.

Ao chegar na pequena vila, procurou a Hospedaria São Marcelo e pediu um quarto. Nelma, uma senhora que se aproximava da terceira idade, o atendeu e reconhecendo nele o "moço milagroso" que curou Jamil, o atendeu com deferência e carinho. Deu-lhe a melhor acomodação e se prontificou em atendê-lo no que precisasse.

Benjamim passou o resto da tarde entre meditações e leituras do Evangelho e após o jantar, perguntou à proprietária da hospedagem:

- Dona Nelma, faz tempo que a senhora é a dona da hospedagem?

- Faz. A São Marcelo sempre foi de nossa família. Era do meu avô, depois passou para meus pais e finalmente para nós. Eu e meu esposo, já falecido, demos uma melhorada na fachada, aumentamos alguns quartos e depois que eu me for, vou deixá-la para Elvira, minha filha, e para meus netos.

- Dona Nelma, eu posso lhe fazer uma outra pergunta?

- Claro que sim, Ben. Posso chamá-lo assim, não é?

- Fique à vontade, dona Nelma. Desde que fui deixado às portas do convento, nenhum dos frades me chama pelo nome, e sim, pelo apelido. E é justamente sobre a pessoa que lá me deixou que eu gostaria de lhe falar.

- Pode perguntar, Ben, se eu puder lhe ajudar o farei de coração.

- A senhora, por acaso, se lembra de alguma mulher estrangeira que tenha vivido na aldeia duas décadas atrás?

- Deixe-me pensar. Sim, lembro-me de uma mulher de cabelos e olhos negros que falava de uma maneira esquisita, um sotaque um tanto arrastado.

- Dona Nelma, o que aconteceu com ela?

- Olhe, Benjamim, o que aconteceu com ela até o dia de hoje ainda é um mistério e só Deus o sabe. Houve os que disseram que ela brigou com o namorado, ou marido, e por isso foi embora. Outros, os de má língua, afirmavam que o marido a abandonou porque trazia no ventre um filho que não era seu. Só mesmo Deus pra saber.

- A senhora recorda o nome dessa mulher?

- Lívia, Liza. Não, não. Agora estou me lembrando bem. O seu nome era Lina, ou pelo menos, era com esse nome que era conhecida.

- Obrigado, dona Nelma, pelas informações. Estou lhe fazendo essas perguntas, porque deixaram uma carta comigo na porta do convento, alguns anos atrás. Na carta existem três letras, que com certeza, são as iniciais do nome de mamãe. Mas essas três letras nada tem a ver com esse nome.

- Sinto muito, meu rapaz, em não poder ajudá-lo. Quem sabe Lina era apenas um apelido familiar e se ela for a sua mãezinha, algum dia você a encontrará.

◇

Após conversar sobre outros assuntos com aquela gentil senhora, Ben recolheu-se em seu quarto.

E **como quem adormece com bons pensamentos, sonha com anjos**, Benjamim, assim que adormeceu, viu-se em um lugar bem diferente dos já conhecidos e percorridos por ele nas cercanias de Consolação. Era um lugar tão lindo, mas tão lindo, que nem mesmo o pincel de Claude Monet poderia transformar em telas.

Andando vagarosamente por aquelas alamedas floridas, aspirando os inebriantes perfumes que aquelas flores desconhecidas exalavam, ouviu uma suave voz que dizia:

"Benjamim, é chegado o momento de lançar ao solo abençoado do mundo as sementes do amor. De retirar os detritos que tiram a pureza e impedem que a fonte da verdade jorre livremente."

"A tarefa não é fácil, mas não é impossível de ser levada avante, uma vez que você foi preparado suficientemente e o sol do amor ilumina todo o seu ser. Horas irão surgir, entretanto, em que as trevas da ignorância humana abater-se-ão sobre o seu caminho, querendo empanar o brilho da verdadeira luz. Os interesses mundanos ainda tentam impedir que as sementes do bem germinem nas leiras do mundo".

"Não esmoreça. Acima das forças que criam empecilhos para impedir que as boas obras floresçam, existe um Poder Maior que sustenta as forças dos que jornadeiam no campo das boas realizações".

"Em qualquer momento, e em qualquer lugar onde você estiver, lembre-se sempre de Jesus, cujos exemplos devem ser seguidos por todos os que têm uma missão a desempenhar. E, em nome do Mestre Inolvidável, Lutero, esse seu irmão menor, estará sempre presente para ajudá-lo".

capítulo 5

•

O solo e a semente

"Outra, enfim, caiu em boa terra e deu frutos: um a cem, outro a sessenta e outro a trinta por um". – Jesus (Mateus 13:8)

Benjamim acordou tendo a nítida sensação de estar ainda sentindo o suave aroma das flores vistas em seu sonho. De estar ainda ouvindo a voz de Lutero, a lhe encorajar na missão que deveria desempenhar em favor dos necessitados da Terra.

Era necessário encher-se de coragem para percorrer os caminhos do mundo, uma vez que só conhecera um pequeno pedaço de chão nos arredores do convento e os caminhos percorridos por ele, entre o convento e Consolação, sempre fizera em companhia de Zózimo. Todavia, agora, mesmo não podendo vê-lo, sabia que Lutero, o amigo espiritual, estaria sempre a seu lado, seguindo-o passo a passo.

Levantou-se pela manhã, barbeou-se, tomou um banho e após um ligeiro desjejum, acertou com Nelma o que lhe devia e quando ia se despedir, Nelma lhe perguntou:

- Benjamim, você já tem um lugar para onde ir? Posso ajudá-lo em alguma coisa?

- Obrigado, dona Nelma, por querer me ajudar e por se preocupar comigo. Eu creio que cada criatura vem ao mundo com uma missão definida. A senhora a de hospedar e eu, a de semear. Quanto ao local de se hospedar, estou lembrando-me nesse momento das palavras do Cristo: **"...mas o Filho do homem, não tem um lugar, onde reclinar a cabeça". –** Jesus (Mateus 8:20)**.** Se Ele, que era Tudo, disse assim. Eu que sou um nada, o que direi?

Agradecendo mais uma vez à simpática dona da São Marcelo, Ben apanhou a sua sacola de couro, colocou-a nos ombros e olhando nos olhos de Nelma, falou:

- Até um dia, se Deus quiser, irmã Nelma. E que Jesus nos abençoe!

E saiu com passos firmes, estrada a fora, buscando construir o seu próprio destino.

◇

Benjamim, ao caminhar, buscava sempre as sombras das árvores amigas, pois o sol começava a esquentar a estrada arenosa por onde passava. Ele não estava acostumado a enfrentar tanto os raios solares, pois caminhava sempre com Zózimo à tardinha.

Enquanto buscava vencer metro a metro a estrada, lembrou-se de Saulo de Tarso que também teve que se queimar sob o sol do deserto para servir ao Senhor.

E, para não se sentir sozinho, embora soubesse que Lutero estava ao seu lado, Benjamim, cantarolava uma canção aprendida no convento:

Sabe Deus o que seria,
um dia sem o sol amigo,
Sabe Deus... Sabe Deus...
Que as trevas não mudariam o dia,
Pois o Senhor comigo estaria
E guiaria os passos meus!

Cantava com a voz entrecortada pelo pranto, pois a lembrança do querido Zózimo não lhe saia da mente, como um espinho a ferir devagarinho o seu sensível coração.

Caminhou o dia todo, parando de vez em quando ao deparar-se com algum córrego de águas cristalinas, onde saciava a sede e se refrescava do mormaço provocado pelos raios solares.

Mais tarde, o astro-rei arrefecera de vez o seu calor e já estava pronto a encerrar a sua atividade diária nesse lado do planeta. A noite não demoraria a chegar e, com fome, Ben retirou da sacola algumas mangas que apanhara à beira da estrada. Sentou-se ao lado de uma bica d'água, perto de uma propriedade, e com elas, fez a refeição da tarde.

Enquanto descascava a última, reparou que uma carroça carregada de lenha vinha se aproximando devagarinho e, ao passar por ele, o carroceiro respeitosamente o cumprimentou:

- Boa tarde, moço... Que calorão anda fazendo, não?

- Boa tarde. Anda mesmo... Ainda bem que dessa hora em diante já começa a refrescar um pouquinho.

- O moço parece que é estranho por essas bandas.

- Sim, estou vindo da Aldeia de Consolação e a bem da verdade, estou um pouco perdido. Que local é esse?

- Esse lugar aqui é conhecido como Águas Claras. Daqui a "um cabinho de machado" existe um arraial que tem esse nome. Mas o que o moço faz por esses lados? Por acaso está procurando colocação?

- Colocação?

- Isso mesmo. Serviço, moradia.

- Olha, meu amigo...

- Arlindo, um seu criado.

- Obrigado "seo" Arlindo, meu nome é Benjamim. Na realidade um emprego, uma moradia, seriam de grande valia.

- Pois então me acompanhe, vamos conversar com meu pai. Creio que tudo vai se ajeitar.

Benjamim seguiu Arlindo, ajudou-o a descarregar a carroça num rancho e depois o acompanhou até a porta. Arlindo mandou-o entrar e foi logo gritando:

- Mãeeeê...

Logo apareceu uma senhora já dos seus sessenta anos e Arlindo apresentou-a ao recém-chegado.

- Benjamim, esta é dona Leonor, minha querida mãezinha. O meu pai se chama Argemiro e está acamado. Venha, vou levá-lo até o seu quarto.

Atravessaram um estreito corredor e Arlindo parou em frente a um quarto. Em seguida, aguardou que Ben se aproximasse mais e falou:

- Pai, perdão se nós acordamos o senhor. Este moço se chama Benjamim e está precisando de serviço e acomodação. O serviço que a gente tem está aumentando e eu não estou dando conta. O que o senhor acha dele ficar morando aqui para me ajudar?

Argemiro pensou um pouco e respondeu, com esforço, com uma voz quase sumida:

- Pode. Só que não podemos pagar muito, meu rapaz. Você teria que trabalhar quase em troca da acomodação e da comida.

- Pra mim está ótimo, "seo" Argemiro. Existe um ensinamento em que Jesus afirma: **"...a vida vale mais que o alimento, e o corpo mais do que as vestes". –** (Jesus – Lucas 12:23). Se o amigo me der o serviço e a hospedagem, Deus me dará vida e saúde. Ganhar o pão com o suor do rosto será sempre uma bênção.

- Vejo que o rapaz gosta de ler o Evangelho.

- Sim, meu amigo, o Evangelho de Jesus é e sempre será "a luz do meu caminho". Mas, me diga uma coisa, qual é o tipo de enfermidade que o impede de se locomover?

- É difícil explicar, Benjamim. Comecei a sentir umas fraquezas nas pernas. Não doía, mas aos poucos fui ficando sem poder movimentá-las. Já deve estar com quase meio ano que não consigo andar e uns dois meses que não consigo me virar na cama. O pior de tudo é que, devido estar somente deitado já começaram a aparecer algumas dorzinhas e também algumas feridas.

- Se o senhor permitir, gostaria de orar a Deus em seu benefício.

- Nossa vida... É claro que você tem a minha permissão. Desde que fiquei acamado, não pude mais ouvir Onésimo, em Águas Claras.

- Desculpe-me, papai, mas Onésimo já não pertence mais ao mundo dos vivos. Com certeza eu me esqueci de lhe contar. Não temos mais ninguém para ler e comentar os ensinamentos do Evangelho e nem para fazer uma simples oração.

Enquanto Arlindo falava do falecimento de Onésimo com o pai, Ben ouviu a voz, já sua conhecida: **essa é a sua chance, meu filho**.

Assim que Argemiro lembrou-se que o filho já tinha notificado o falecimento de Onésimo, Benjamim aproveitou a oportunidade e convidou:

- Vamos orar, então?

- Vamos sim, Benjamim, mas antes, deixe-me chamar mamãe. Ela anda tão angustiada com a doença do papai e uma prece ajuda tanto!

Dentro de poucos segundos a família de Argemiro e mais Ben, uniam-se em oração. Foram momentos gratificantes, pois as palavras inseridas por Benjamim na oração falavam claramente da "necessidade da união" entre a criatura e o seu Criador, das "deficiências humanas" que são relevadas pela misericórdia do Pai, que compreende e ampara sempre.

Ao terminar a prece, Argemiro, Arlindo e Leonor tinham seus olhos cheios de lágrimas. Lágrimas que nos últimos meses tornaram-se visitas constantes e que sempre inundavam aqueles olhos.

Benjamim, muito atencioso, pediu licença, pois desejava ver como estavam as pernas do doente. Nenhuma mancha, nenhuma ferida, nenhum indício de ser algo perigoso.

Benjamim, desejando ajudar com maior eficiência, prometeu fazer orações e massagens todos os dias e também iria procurar nas redondezas a existência de "sete-sangrias" para fazer banhos diários.

capítulo 6

Águas claras

"E assim, se alguém está em Cristo, nova criatura é: as coisas antigas já passaram; eis que tudo se fez novo". – Paulo (II Coríntios 5:17)

Domingo, 7 horas da manhã. A família de Argemiro Cavalcanti trajando a melhor roupa, seguia estrada à fora rumo a Águas Claras. O sol de novembro já começava a esquentar e com uma pessoa a mais, o velho Guarani já estava suado, pois Benjamim também estava na charrete.

Sabiam que ao chegar no vilarejo encontrariam, além de muitos amigos, a presença de Lara, a quem Arlindo recomendou que preparasse o salão, pois no domingo pela manhã estaria presente um moço que seria o novo palestrante.

Faltavam poucos minutos para as 8 horas, quando a velha charrete dos Cavalcanti chegou ao arraial. Além da curiosidade de muitos em querer conhecer o palestrante, as meninas e moças em idade de se casar aproximaram-se em círculo da charrete para ver de perto o novo visitante.

Assim que Benjamim apeou, foi apresentado aos moradores e pessoas de outras localidades que estavam presentes para ouvir as palavras do novo pregador, e também para participar da reabertura das reuniões domingueiras.

Foi um empurra, empurra, pois todos queriam chegar o mais perto possível de Benjamim, principalmente as mocinhas. Minutos depois, assim que todos estavam assentados em seus lugares, Arlindo solicitou um momento de atenção e falou:

- Eu gostaria de dizer o seguinte: A nossa casa de oração ficou parada por algum tempo devido ao falecimento de Onésimo, "que Deus o tenha".

- Que Deus o tenha – responderam em coro.

E, Arlindo continuou.

- Este moço aqui, o Benjamim, também conhecido na Aldeia de Consolação como Ben, aceitou a incumbência de estar aqui todos os domingos para explicar o Evangelho e também para orar conosco. Era só isso o que eu tinha a dizer. Peço agora ao Benjamim que venha até aqui para nos trazer as suas palavras.

Ben levantou-se, sorriu carinhosamente para todos, subiu numa espécie de púlpito e começou:

- Senhoras e senhores, queridos irmãos em Cristo Jesus. Vamos abrir o Novo Testamento e verificar qual o ensinamento que o Senhor nos reserva para a leitura desta manhã.

Os assistentes nem se mexiam em suas cadeiras. Todos estavam com seus olhares voltados, fixos, atentos no pregador.

Benjamim abriu ao acaso o Novo Testamento e leu em Lucas, no capítulo nove, o versículo vinte e três:

"Se alguém quiser vir após mim, negue-se a si mesmo, tome cada dia a sua cruz e siga-me".

"Irmãos amados, Jesus, segundo São Lucas, faz uma preciosa advertência a todos os que lêem o Evangelho: Não basta querer segui-Lo, nem tampouco ler o Evangelho. É necessário e muito importante que entendamos o que estamos lendo e colocarmos esses ensinamentos em prática, para depois termos condições de segui-Lo".

"Quantos exemplares da Bíblia e do Novo Testamento, já velhos, com suas folhas amarelecidas e rasgadas pelo uso, a demonstrar que estão em companhia de seus possuidores há muito tempo, mas estes não se melhoraram em nada. Tais possuidores estão tal qual eram. Com as mesmas falhas e com os mesmos vícios".

"Não negaram a si mesmos, ao contrário, negaram aos outros o que deveriam ter aprendido nas páginas do Livro Santo. Não tomaram a cada dia a sua cruz, ao contrário, forçaram os outros a carregá-la".

"E olhem, que nesse **"negue a si mesmo",** está incluído o grande desejo do Mestre: **a transformação das criaturas,** de pessoas complicadas, de convivência difícil, em pessoas simples e com o coração cheio de amor".

"Não adianta a nenhum cristão ter uma Bíblia, ou ter o Novo Testamento, somente para poder dizer: a minha bíblia, o meu novo testamento..."

"O que é necessário, o que é urgente, o que precisa acontecer o mais breve possível, é **praticar esses ensinamentos.** Praticando, a pessoa possuirá esses Sagrados Livros incorporados na sua vivência, e então, poderá seguir em seu dia-a-dia o Mestre Divino".

"Os senhores e as senhoras devem estar lembrados daquela passagem evangélica, em que um moço rico procurou o Mestre, querendo segui-Lo. O Mestre Amigo mandou que o moço fosse vender tudo o que tinha, entregasse aos pobres e depois viesse para O seguir. O moço foi embora muito triste, porque estava apegado demasiadamente aos seus bens e não quis negar a si mesmo".

"Negar a si mesmo não significa menosprezar os valores do mundo, pois como encarnados, ainda precisamos das coisas do mundo. Negar a si mesmo é controlar os instintos, as maldades que ainda nos dominam, é eliminar o orgulho, o egoísmo do nosso convívio. É deixar florescer os sentimentos de amor e caridade, os únicos que poderão abrir o nosso caminho para seguirmos a Jesus".

"**Carregar cada dia a nossa cruz** não é nos curvarmos diante do sofrimento, achando que é Deus que assim quer. Precisamos correr atrás, buscar os meios de sanar os nossos padecimentos. Deus não se sente feliz com o sofrimento de seus filhos. Ele quer que seus filhos vivam e vivam numa constante plenitude. Porém, a nossa vida somente será plena quando estivermos vivenciando o amor ensinado pelo Mestre Jesus".

"O Meigo Nazareno andou pelas poeirentas estradas da Galiléia ensinando e vivendo uma VIDA PLENA, porque era uma vida partilhada com seus discípulos e com o povo. Hoje em dia, as pessoas querem viver com Jesus, mas afastados de seus semelhantes. Isso é um absurdo!"

"Ninguém conseguirá servir ao Senhor, isolando-se. Somos partes de um TODO, que é Deus. Enquanto estivermos separados por quaisquer divergências, com certeza, precisaremos aos poucos saná-las, para então um dia estarmos aptos para seguir o Mestre Querido e fazer parte da Sua Seara!"

"Para nós, que estamos aqui no mundo, a **boa semente** deve ser as nossas palavras, os nossos atos de amor. E o **solo,** onde devem ser lançadas essas sementes, são os corações dos companheiros que vivem rente aos nossos passos".

"Experimentemos tratar com amor e bondade os companheiros que vivem conosco, em nosso dia-a-dia. Iremos notar que a nossa vida passará a ser mais tranqüila, pois vamos receber de volta aquilo que estamos dando".

"Não percamos o nosso tempo. O nosso futuro vai depender daquilo que estivermos fazendo hoje".

"Obrigado, irmãos, pela atenção, e que Jesus nos abençoe!"

◇

Ao terminar a sua palestra, Benjamim pediu que todos fechassem os olhos e que elevassem os pensamentos ao Pai Eterno, que orassem com muita fé.

Disse ele, antes de orar:

- A oração é o vínculo que nos une ao Criador, mas para que nossas orações subam até Ele, é necessário que se coloque muito amor nesse ato tão importante, mas que é tão esquecido pelas criaturas.

Benjamim fechou os olhos e aguardou que se fizesse um total silêncio no salão, depois orou fervorosamente:

"Senhor, nosso Deus, aqui estamos unidos em Vosso Santo Nome e, em primeiro lugar, queremos agradecer por mais esta oportunidade que o Vosso amor e misericórdia está nos concedendo".

"Dentro deste salão humilde, Senhor, estão os vossos filhos a Vos implorar bênçãos e luz para seus caminhos. A rogar o remédio para seus males, tanto do corpo quanto do espírito fatigado e triste".

"Permita, Senhor, que os vossos Santos Mensageiros nos aliviem as dores, encham de paz os nossos corações e nos iluminem as mentes para que as trevas não armem ciladas em nossos caminhos".

"Rogamos, Senhor, em benefício de Argemiro Cavalcanti e dona Edivânia, mãe de nossa companheira Lara, para que possam com as vossas bênçãos, recobrar os movimentos das pernas e voltarem a andar."

"Senhor, temos consciência da nossa pequenez, mas sabemos que Sois Infinitamente Grande, em amor e bondade. Seja feita, Senhor, a vossa santa vontade e não a nossa, hoje e para todo o sempre".

"Graças e obrigado, Senhor!"

capítulo 7

O poder da oração

"Se vós estiverdes em mim e as minhas palavras estiverem em vós, pedireis tudo o que quiserdes, e vos será feito". – Jesus (João 15:7)

No término da reunião daquele domingo, Benjamim teve a sua atenção requisitada por muitas pessoas. Gentilmente, atendeu a todos e depois foi conversar com Edivânia para lhe transmitir palavras de encorajamento, solicitando a Lara que massageasse as pernas de sua mãe diariamente.

Lara que se simpatizara com Ben desde o instante em que o vira, não cabia em si de tanto contentamento. Ao vê-lo ali, na sua frente, disse não entender como deveria fazer as massagens em sua mãe e perguntou:

- Ben, de que maneira eu devo fazer essas massagens? Devo fazer os movimentos de cima pra baixo ou ao contrário.

- A massagem deverá começar acima dos joelhos e terminar nas pontas dos pés e, por repetidas vezes. Enquanto massagear, deverá estar orando a Deus em pensamento, pois as energias positivas de um corpo saudável podem ser liberadas nesses momentos em favor dos corpos doentes.

Enquanto Benjamim detalhava os procedimentos de uma boa massagem, Lara parecia estar no mundo dos sonhos. Tanto que, quando Ben parou de dar suas explicações, a encantadora Lara parecia estar ausente, como num transe.

Benjamim, olhando para Edivânia, disse:

- É... Parece-me que Lara está distante.

Edivânia, percebendo o que se passava com a filha, chamou-a de volta ao "mundo terreno" com um leve estalar de dedos. A moça muito confusa voltou à realidade e perguntou:

- A senhora me chamou, mamãe?

- Lara, você parece que está no mundo da lua. Você entendeu o que Benjamim ensinou?

- Sim, mamãe. Devo fazer de cima pra baixo e orando a Deus para que a senhora possa voltar a andar logo.

- Ótimo – respondeu Benjamim – já que está tudo entendido, eu vou indo, pois a família do "seo" Argemiro deve estar com pressa. Até mais ver, dona Edivânia, Lara. Fiquem com Deus.

Durante a semana seguinte, Benjamim, cumprindo o que prometera a Argemiro, fazia a massagem enquanto orava e, logo após, Leonor banhava as pernas do marido com a água onde foram ferventadas raízes de "sete-sangrias".

Com as orações diárias, massagens e a aplicação do banho, no começo da segunda semana o proprietário do Sítio Alvorada já começava a movimentar as pernas. Leonor e o filho ficaram felizes com o progresso do tratamento, pois já fazia quatro meses que o pobre homem não tinha nenhum movimento nas pernas e nem conseguia mudar de posição na cama. E Argemiro não sabia como agradecer a Ben pelas bênçãos que o felicitava.

No domingo seguinte, ou seja, no segundo em que Benjamim compareceu em Águas Claras, encontrou uma quantidade maior de pessoas à sua espera, pois houve casos de pessoas enfermas, cujos parentes ali estiveram no domingo anterior e que ao chegar em casa, encontraram o enfermo curado.

A notícia se espalhou como um raio pela redondeza, e o resultado estava ali. Uma quantidade de pessoas que não conseguiu ser acomodada dentro do salão. Quase todos queriam falar com Benjamim, mas era impossível que o jovem atendesse a todos, caso por caso.

Com a ajuda de Arlindo e Lara, Ben conseguiu entrar no pequeno telheiro e, mais uma vez, deixou todos boquiabertos pelos ensinamentos dados. A quantidade de pessoas excedia a capacidade do salão e mesmo encostadas na parede, pelo lado de fora, muitas ouviram emocionadas a belíssima oração, na qual o moço rogava ao Senhor do Universo a paz e a luz a cada coração.

◇

Um fato estranho ocorreu naquela manhã de domingo. Uma pessoa que ouviu tranqüilamente a palestra sentiu-se mal na hora da oração, começando a dizer coisas sem sentido e querendo provocar um tumulto na reunião. Benjamim, sem se perturbar, veio orando até à pessoa, colocou a mão direita sobre sua cabeça e convidou a entidade perturbadora a se retirar, o que aconteceu sem demora.

Após o término da oração, Benjamim aproximou-se da senhora, deu-lhe um copo com água e depois a aconselhou:

- Minha amiga, a senhora tem a facilidade de captar, ou melhor, de servir como intermediária entre os dois planos: o físico e o espiritual. Porém, é necessário ter muito cuidado... Seria bom que a senhora cultivasse o hábito da oração e procurasse alguém com conhecimento suficiente para desenvolver e direcionar esses dons em favor de quem sofre. Uma ponte bem cuidada entre os dois mundos é como uma escada que conduz a Planos Superiores.

Findos os atendimentos às pessoas que o procuravam, Ben dirigiu-se até a casa de Edivânia a fim de saber sobre o seu tratamento.

Lara, que não perdia um só movimento de Bem, correu atrás do rapaz e ao alcançá-lo, tomou-lhe o braço direito e o conduziu até o quarto de sua mãe

Benjamim já tinha percebido o interesse e quais eram as intenções de Lara, porém, ciente do que deveria realizar na face da Terra, deixou o "barco correr" e apenas a tratava como a uma irmã do coração.

No entanto, naquela manhã de domingo, após ter visitado Edivânia, Benjamim despediu-se e Lara o acompanhou até ao portão, mas ela não se contendo, perguntou:

- Benjamim, você é noivo ou tem alguma namorada?

Pego de surpresa, o moço sorriu e respondeu:

- Nem uma coisa e nem outra, minha amiga.

- Então você já é casado?

- Sim, mas é um casamento diferente.

- Como assim, Benjamim?

- Lara, eu agradeço e fico feliz pelo carinho que você me dedica. Todavia, devo esclarecê-la que o Senhor solicitou o meu concurso fora das paredes de um lar, e nessas condições, no momento, não posso unir-me a uma mulher, pois sou alguém comprometido com todos os sofredores que transitarem por meus caminhos. Você é linda, de boa família e vai encontrar alguém que a faça feliz. Hoje, eu estou aqui. Amanhã poderei estar bem distante, mas onde quer que eu esteja, sempre orarei a Jesus para que você seja feliz.

Os lindos olhos de Lara encheram-se de grossas lágrimas e o seu coração disparou qual potro redomão pelo campo das emoções. Restava-lhe, agora, somente o concurso do tempo para cicatrizar a ferida que o amor não correspondido abrira. O jeito era esperar, mesmo porque ela tinha certeza que Benjamim não lhe era indiferente e poderia estar agindo, influenciado pelos frades do convento com idéias celibatárias, isto é, do não casamento.

Assim, o lindo sonho da belíssima Lara parecia desvanecer-se como por encanto, ali em frente a sua casa. E Benjamim, reunindo-se aos Cavalcanti, retornou ao Sitio Alvorada, mas sabendo que um dia ou outro, teria que deitar os pés na estrada, indo em busca do seu destino.

capítulo 8

Ponte pênsil

"Tudo quanto, pois quereis que os homens vos façam, assim fazei-o vós também a eles; porque esta é a lei, e os profetas". – Jesus (Mateus 7:12)

Deixemos por hora Benjamim em companhia dos Cavalcanti no Sítio Alvorada e falemos um pouco da cidadezinha de Ponte Pênsil, distante algumas dezenas de milhas de Águas Claras. Ponte Pênsil era uma vila melhorada e seus moradores viviam uma vida pacata, praticamente da agricultura.

Há uma dezena de anos, Ponte Pênsil era um pequeno arraial, mas com a chegada de Madame Constantin, herdeira do riquíssimo Sr. Pablo Hernandes, o pequeno arraial foi se transformando até chegar aos quase dez mil habitantes.

A "viúva rica", como era conhecida, ajudou muita gente. Eliminou muitas pendengas entre pequenos proprietários de terras endividados e seus credores, e mandou construir um pequeno hospital. Também mandou reformar a velha igreja de São Pantaleão, e deu início a construção de uma creche, onde seria o doce lar de quase uma centena de meninos.

A história de Madame Constantin era o assunto preferido pelas "comadres" da cidadezinha. Diziam por dizer, sem saber ao certo, que Madame era casada com Pablo Hernandes, um milionário, mas que viviam separados. Que ela, antes de sua vinda, morava em Santo Amábile, numa enorme mansão rodeada de muitos empregados, os quais eram supervisionados aos gritos e pelo pulso firme da governanta Polidora.

Outros diziam o contrário: que Madame Constantin era a milionária e Pablo, apenas um devasso que vivia a gastar o dinheiro da esposa em noitadas alegres, vivendo a maior parte do tempo nas mesas de jogo. Diziam ainda mais: que Pablo mantinha um relacionamento ilícito com uma amante.

No entanto, deixando as fofocas de lado, a Srª Constantin, nunca foi uma mulher rica. Tornou-se rica após o falecimento do marido, e como adorava crianças, principalmente meninos, ela veio à Ponte Pênsil para empregar parte da grande fortuna na realização do seu maior sonho: a construção de um orfanato.

◇

Os pontepensilenses nunca entenderam o porquê da construção do Lar Esperança numa cidade tão pequena. Era do conhecimento de todos que o orfanato, depois de construído, teria uma bela fachada externa e por dentro, o mobiliário, com certeza, obedeceria a um gosto impecável.

Comentava-se ainda que a viúva rica escondia algum grande segredo que somente Padre Nestor conhecia, pois tal segredo lhe fora revelado no confessionário da Igreja de São Pantaleão. Tal comentário sobre a existência de um segredo espalhou-se, quando a Sra. Constantin acertava os detalhes das cores internas dos quartos do Lar Esperança. Ela estava passando as instruções a Albertino e padre Nestor, presente no momento, perguntou:

- Madame, mas cor azul? Pensei que o Lar Esperança fosse para meninas.

- Padre Nestor, o senhor já se esqueceu do meu antigo sonho? Estou construindo o orfanato em memória daquela pessoa.

E fez o característico sinal com o indicador sobre os lábios, pedindo sigilo.

- Ah, sim... Desculpe-me. Creio que já estou começando a caducar.

Nas entrelinhas da conversa que Albertino ouviu dava-se para perceber algo de misterioso. Chegando em casa, ele comentou com Adelaide, sua esposa, e dali...

Infelizmente, ou felizmente, nas cidades pequenas existem essas duas possibilidades: quando seus moradores têm o péssimo gosto de se darem aos mexericos, o que acontece numa ponta da cidade fica-se sabendo na outra ponta quase na mesma hora. Se, ao contrário, quando os moradores têm uma boa liderança religiosa, todo mundo ajuda todo mundo e ninguém passa necessidade.

Depois da conclusão da obra, o Lar Esperança foi completamente mobiliado. Foram contratados os funcionários que iriam cuidar da cozinha, da limpeza e os professores e pajens, e dentro de poucos dias recebeu os seus dois primeiros moradores.

Aristeu e Vagner eram irmãos. Nos seus sete e cinco anos, eram meninos espertos que ajudavam a avó, dona Marcolina, a esmolar pela cidade o pouco de provimento de que se alimentavam. Porém, com a doença da pobre velhinha e seu completo enfraquecimento, as pobres crianças devido à idade, não conseguiram angariar os recursos necessários para restabelecer a saúde da boa velhinha, que acabou falecendo.

Os vizinhos providenciaram o sepultamento de dona Marcolina e até a inauguração do Lar Esperança, os dois irmãozinhos continuaram no pequeno barraco, mas sob os cuidados de vizinhos bondosos.

Com a vinda dos meninos, Madame Constantin começou a deixar o doce sentimento maternal fluir em favor daquelas criaturinhas, enquanto sentimentos amargos pelo que fizera no passado assomavam-lhe à mente.

◇

Quando os filhos de Deus descem à Terra e trazem no íntimo de seu ser o desejo de realizar algum trabalho em favor da humanidade, "do outro lado" os Santos Emissários de Deus fazem de tudo para que tal desejo se torne realidade.

◇

Depois dos irmãos Aristeu e Vagner, foram aparecendo de diversas localidades mais meninos e, no prazo de poucos anos, o orfanato já estava com a sua capacidade lotada.

Madame Constantin, como uma super-mãe, estava sempre ao lado dos pequeninos, incentivando-os ao estudo, criando novas brincadeiras, adquirindo brinquedos novos para que a petizada pudesse se sentir bem no Lar Esperança.

Depois de alguns anos de funcionamento e, o orfanato com alguns garotos já mocinhos, Madame sentiu a necessidade de se contratar o serviço de alguém que tivesse a capacidade de orientar e de entender as necessidades próprias dos adolescentes, pois que essa fase costumeiramente apresenta problemas complexos.

Padre Nestor, a pedido de pessoa influente e que muito ajudava a Paróquia de São Pantaleão, sugeriu a Madame Constantin que contratasse os serviços de Nicole, uma moça com seus quase trinta anos, para preencher o cargo.

Madame acedeu a sugestão de Padre Nestor, mas em caráter experimental, pois ela preferiria que o cargo de Educador fosse preenchido por uma pessoa do sexo masculino. Os meninos se sentiriam bem mais à vontade.

Nicole compareceu para a entrevista e ficou encantada com as acomodações, com as dependências do Lar e também com a organização ali reinante. Entretanto, por algumas vezes, inconscientemente, tampou os ouvidos com as pontas dos dedos devido ao barulho dos meninos.

A senhorita Nicole trabalhou algumas semanas, e durante esse tempo, conversando com os garotos, tentava deixá-los à vontade, mas era impossível. Os adolescentes não se abriam com ela como era de se esperar.

Numa segunda-feira, quando deveria mostrar o relatório de tudo o que fez, mandou que Padre Nestor fosse se desculpar em seu lugar, alegando não se adaptar ao barulho, pois tinha algum problema de audição. Por esse motivo, estava desistindo do cargo.

capítulo 9

Morre Frei Francisco

"Ora, se alguém não tem cuidado dos seus e especialmente dos de sua própria casa, tem negado a fé, e é pior do que o descrente". – Paulo (I Timóteo 5:8)

Retornemos a Aldeia de Consolação onde os moradores do velho castelo transformado em convento estavam sob o império das lágrimas.

Morreu Frei Francisco. O velho frade não resistiu às fortes e constantes hemoptises. Seus companheiros fizeram de tudo o que sabiam e até mesmo um médico esteve presente por solicitação de Frei Carmelo. Mas em vão. Aquela pobre alma despediu-se do mundo terreno, porém, não totalmente em paz, pois seus últimos pensamentos buscavam a presença de um jovem que fora expulso de uma maneira injusta. Mais por capricho do que por necessidade.

Assim que Frei Francisco expirou pela última vez, Carmelo aproximou-se, fechou os olhos do companheiro de tantos anos e depois, olhando para o Alto, fez o sinal da cruz e orou:

- Querido Deus, receba o nosso irmão Francisco em Vossa Santa Glória, e nos dê forças para prosseguirmos segundo as orientações que dele recebemos. Dê também, Senhor, a consolação aos nossos espíritos devido a sua ausência. E pôs-se a chorar.

Antes de paramentarem o corpo de Frei Francisco para que fosse levado à capela do convento e ser velado, Carmelo, olhando para Zózimo, falou:

- Seria bom que Benjamim fosse avisado. Mas aonde encontrá-lo?

- Desculpe-me, irmão Carmelo, se Ben não mudou nessas últimas semanas, eu sei aonde encontrá-lo. Ele deve estar morando em Águas Claras.

- Mas, então é fácil. Só que não temos tempo a perder. Zózimo, encarrego-o de arrumar uma charrete em Consolação e, por Deus do Céu, traga Benjamim até aqui, pois tenho algo muito importante pra falar com ele.

◇

Diante de tal pedido, Zózimo não titubeou e saiu às pressas para a Aldeia de Consolação. Precisava ganhar tempo a fim de cumprir o que lhe ordenara Carmelo que com toda certeza, por ser o mais idoso, deveria substituir Francisco junto aos irmãos do convento.

Conseguindo contratar os serviços de um charreteiro, partiu sem demora rumo a Águas Claras. Seus pensamentos, no entanto, além da natural tristeza pelo falecimento de irmão Francisco, estavam conflitantes e numa cruel incógnita: como Benjamim receberia a notícia? Aceitaria voltar com ele até ao convento para os funerais de quem o expulsou?

"Ah! Como são as coisas – pensava. O meu pobre menino foi expulso por ter praticado o bem a Jamil e partiu com a consciência tranqüila, ao passo que, quem o expulsou partiu dessa para a verdadeira vida levando um grande peso em sua consciência."

Aproximava-se das 14 horas, quando o charreteiro parou para dar de beber aos animais e permitir que Zózimo perguntasse sobre o paradeiro do querido amigo.

Zózimo, suarento e cansado, voltou alguns passos atrás e bateu palmas em frente a uma porteira que dava acesso a um sítio. Era a primeira vez que estava parando a fim de perguntar sobre o paradeiro de Ben.

Com o aparecimento de uma senhora, Zózimo se apressou em dizer que estava à procura de um moço conhecido pelo nome de Benjamim:

- Perdão, "seo" frade, mas por que o senhor está procurando o Ben?

Os olhos do velho Zózimo brilharam de alegria ao ouvir na pergunta da mulher o apelido familiar de seu ex-pupilo...

- Fique tranqüila, minha irmã, sou Zózimo, frade do convento da Aldeia de Consolação. Eu praticamente criei o Ben. Se a senhora o conhece, diga-me onde ele está, pois preciso muito falar com ele.

- Entre "seo" frade, o Benjamim trabalha conosco e nesse momento deve estar carpindo o pomar.

Zózimo e mais a mulher rodearam a casa e começaram a descer por entre as árvores frutíferas. Ouvindo o barulho de uma enxada sobre algum pedregulho, a mulher gritou:

- Arlindo, Argemiro, vocês estão me ouvindo?

E a voz de Arlindo se fez ouvir:

- Estamos aqui, mamãe. O que está acontecendo?

- Tem um frade aqui comigo, ele quer falar com o Ben.

Dentro de poucos segundos, Benjamim e mais atrás, pai e filho, apareceram ofegantes e suados.

- Irmão Zózimo, que bom vê-lo! O que aconteceu pro senhor vir aqui me procurar? – perguntou Ben, após os abraços afetuosos do reencontro.

- Benjamim, eu sou portador de uma triste notícia: o irmão Francisco faleceu hoje de manhã e o irmão Carmelo me mandou buscá-lo. Ele diz que precisa muito falar com você.

- Querido Zózimo, o que será que Frei Carmelo quer falar comigo?

- Não tenho a menor idéia, Ben. Julgo que é para pedir que você retorne. Você faz tanta falta no convento!

- Sinto muito, Zózimo, pelo falecimento de Frei Francisco.Vou com o senhor até lá, porém, quanto a voltar em definitivo, é impossível, pois assumi um compromisso sério com a comunidade de Águas Claras e não posso mais viver circunscrito dentro das paredes de um convento.

Ben conversou com os Cavalcanti encarecendo a necessidade de ir até ao convento para atender o pedido de irmão Carmelo. E como era um final de semana, pediu a Arlindo que mandasse avisar Lara para que o substituísse na palestra de domingo, caso não voltasse a tempo.

Depois de se banhar, trocar de roupas, abraçou seus patrões desejando-lhes paz e partiu com Zózimo.

◇

As primeiras estrelas já brilhavam no céu, quando Benjamim avistou ao longe o vulto do convento sob o negror da noite. Uma forte emoção fez seu bondoso coração acelerar, batendo descompassado dentro do peito pelas saudosas lembranças daquela casa, daquela gente.

Em frente ao grande portão do convento, o condutor da charrete segurou as rédeas dos cavalos. Benjamim desceu apressadamente e entrou, deixando Zózimo para trás, pagando o charreteiro.

Foram momentos de fortes emoções quando Benjamim entrou na capela onde irmão Francisco estava sendo velado. Foi entrando com os olhos inundados pelas lágrimas, chegou até o falecido, fechou os olhos e fez uma oração em pensamento, rogando a Jesus que abençoasse a alma de Frei Francisco.

Em seguida, dirigindo-se aos frades, cumprimentou-os, um a um, pedindo que confiassem em Deus, pois que a morte era o início de uma vida numa outra dimensão.

Durante as horas em que esteve ao lado dos antigos companheiros, Ben contou-lhes que estava vivendo com uma família de sitiantes, pessoas simples, mas gente muito boa. Contou-lhes que, aos domingos pela manhã, realizava palestras num salão em Águas Claras e que orava junto com os irmãos daquela comunidade e que estava muito feliz.

Ao lembrar-se do que Zózimo lhe dissera, Ben procurou falar com Frei Carmelo e lhe perguntou:

- Irmão Carmelo, hoje à tarde, Zózimo me disse que o senhor tem algo muito importante pra falar comigo.

- Tenho sim, Benjamim. Amanhã, depois do sepultamento de Francisco, procure-me, pois é do seu interesse.

capítulo 10

A revelação

"Nada há oculto que não haja de manifestar-se, nem escondido, que não venha a ser conhecido e revelado". – Jesus (Lucas 8:17)

No dia seguinte após os funerais, Benjamim procurou pelo irmão Carmelo e lhe disseram que ele estava em sua cela, pois o viram entrar chorando desconsoladamente. Bateu levemente na porta e perguntou:

- Posso entrar, irmão Carmelo?

- Oi Benjamim é você? Entre, entre. Só não repare na desordem do quarto. Estou tão angustiado que não tenho cabeça pra mais nada.

- Fique tranqüilo, irmão Carmelo, um quarto desarrumado não tem tanta importância assim. Porém, um pensamento desarrumado na cabeça é coisa bem diferente. Confie em Deus, irmão, nas tristes horas de separação é preciso arrancar pra fora aquela forcinha extra, escondidinha lá dentro de cada coração.

Carmelo, olhando para Benjamim que estava sentado a sua frente, falou:

- Nossa, Ben, você nem parece aquele garoto que nós vimos crescer dentro dos muros desse convento! O mundo lá fora fez muito bem a você. Suas palavras tocam bem fundo o coração de quem o ouve falar.

Benjamim, que estava ansioso para saber o que Carmelo tinha de importante para lhe dizer, perguntou:

- Frei Carmelo, o senhor tem alguma coisa para me falar, não é? Estou a sua disposição e ansioso para saber do que se trata.

- Tenho sim, meu filho. E com certeza se estivesse vivo entre nós, Francisco é quem gostaria de te dar essa notícia com todos os detalhes, mas infelizmente. O que tenho a lhe dizer é que Frei Francisco recebeu no convento a visita de uma mulher, e pelo que deduzi, essa mulher pode ser a sua mãe.

- Por Deus do Céu, irmão Carmelo, será que essa mulher pode ser mesmo a minha mãezinha?

- Benjamim, eu tenho quase certeza que era a sua mãe. Ela está viva e esteve a um mês atrás aqui no convento te procurando.

O pobre moço quase teve uma síncope devido à ansiedade que o possuiu naquele momento. Vendo os olhos de Ben encher de lágrimas, Carmelo perguntou se estava tudo bem e após um aceno confirmando que sim, continuou.

- Consegui saber pouca coisa. Sei que mora em Ponte Pênsil, uma cidadezinha a umas boas léguas daqui. Eu estava passando pelo corredor quando Frei Francisco chamou-me pedindo para trazer uma jarra d'água. Ao entrar, ouvi o nome dessa cidade.

- O que será que o irmão Francisco disse a ela?

- Não sei, Benjamim. Isso eu não posso lhe dizer, pois não ouvi nada além do nome da cidade onde mora aquela dama. Quando entrei na sala levando a jarra d'água, Francisco e a mulher pararam de falar.

- O senhor fez bem em revelar-me o nome da cidade, pois já tenho agora um ponto de referência para procurar minha mãezinha.

◇

Tudo se encadeia perfeitamente na Lei Divina. E **se Deus escreve certo por linhas tortas,** nós é que precisamos nos esforçar para decifrar a escrita de Deus.

◇

Benjamim tencionava voltar a Águas Claras naquele sábado, porém, não dormira à noite, velando o irmão Francisco. Assim, atendendo ao pedido dos frades amigos, resolveu permanecer no convento e sair de madrugada, aproveitando a leve brisa da manhã.

Aproveitando a oportunidade, convidou Zózimo para que fosse com ele até Consolação. Queria visitar Jamil, saber de sua saúde e também gostaria de rever dona Nelma, a dona da Hospedaria São Marcelo.

Como Zózimo não sabia quem seria o sucessor de Frei Francisco, com medo desculpou-se, alegando estar cansado, e assim Ben teve que ir sozinho.

Ao se aproximar do arraial, as pessoas que o conheciam vieram todas ao seu encontro, cumprimentando-o e perguntando se ele tinha voltado a viver novamente no convento.

Benjamim, atencioso, respondeu-lhes que apenas tinha vindo para o sepultamento de irmão Francisco, mas que no dia seguinte voltaria para Águas Claras, local onde estava morando.

Cumprimentando um aqui, outro ali, respondendo a algumas perguntas a ele endereçadas, Benjamim foi caminhando rumo a residência de Jamil e, ao chegar em frente à porta, chamou:

- Ô de casa...

Dona Judite apareceu e reconhecendo-o, pediu:

- Entre Benjamim, por favor. Esta casa estará sempre aberta para você. Seja bem-vindo!

- E o Jamil, dona Judite, como ele está?

- Está bem, graças a Deus e a você. Está trabalhando e vai ficar contente em saber que você esteve aqui. Nunca mais deu aqueles ataques depois que você o curou.

- Desculpe-me dona Judite, se a senhora me permitir, gostaria de fazer uma correção às suas palavras, quem cura é Deus. Nós apenas somos executores da sua Santa Vontade.

Enquanto Benjamim assim falava, um rosto aflito assomou-se a porta e uma mulher quase sem fôlego, perguntou:

- Judite, esse é o moço que curou o Jamil?

- Sim, Marta, este moço é o Benjamim, o mesmo que curou o meu Jamil.

E a pobre mulher, entre lágrimas de emoção e esperança, pediu ao rapaz:

- Benjamim, pelo amor de Deus, venha comigo até a minha casa. Minha filhinha de cinco anos arde em febre há dois dias e não encontro um remédio que a faça baixar.

Benjamim despediu-se de dona Judite, acompanhando Marta e em poucos minutos estava à frente de uma garotinha franzina estirada sobre um leito.

O moço penalizado por ver tanta magreza, pediu a mãe da menina que trouxesse uma vasilha com água, um copo e um pano limpo.

Sentada em uma cadeira do outro lado do leito, uma senhora, já em idade bem avançada, perguntou-lhe:

- Então você é o moço milagroso que dizem ter curado o filho de Judite?

A pergunta estava carregada de uma certa dose de sarcasmo, o que levou o moço a perguntar:

- Quem é a senhora?

- Eu sou Ester, avó da menina doente. Leio a Bíblia todos os dias e não acredito em curas feitas pelas mãos de pecadores. Somente os pastores têm o poder de exercer "esse dom divino".

Como Marta já chegava ao quarto, Ben ignorou o que tinha ouvido e perguntou-lhe:

- A senhora não tem mais ninguém em casa?

- Tenho sim. Minha filha mais velha está na cozinha. Só que ela é muito tímida, não gosta de aparecer.

- Chame-a, por favor, dona Marta. Precisamos de mais uma pessoa para ajudar na oração.

Aquela mãe aflita chamou a filha e dentro de alguns segundos Isabel entrou no quarto, envergonhada, olhando para o chão. Benjamim passou do outro lado da cama onde jazia a menina doente e pediu que todos fechassem os olhos e pensassem em Deus.

Em seguida, colocou suas mãos estendidas por sobre o leito da doentinha e orou:

"Nosso Deus de amor e bondade, neste momento nós estamos rogando as bênçãos do Vosso Infinito Amor em favor de nossa irmãzinha doente. Permita, Senhor, que as energias celestes a envolvam neste momento e que seus males sejam retirados, deixando esse corpo debilitado em condições de receber a ajuda necessária. Rogamos ainda, Senhor, a vossa Luz Bendita para que esse lar seja ilumi-

nado, dando condições para que a alegria e a paz aqui retornem, e estejam sempre presentes. Que Assim Seja, Senhor!"

Após a prece, Benjamim pôs um pouco d'água no copo e deu a menina doente. Em seguida, molhou o pano e começou a passar na testa da pequena Sara, pedindo que fosse repetido aquele procedimento por mais três vezes até ao anoitecer.

Findos alguns minutos, Sarinha abriu seus lindos olhos azuis, sentou-se na cama e pediu:

- Mamãe, eu quero água.

- Pode dar bastante água a ela, dona Marta. O corpo de Sara está bastante desidratado. Com o baixar da febre ela vai sentir fome, e então, a senhora dê-lhe uma sopa de fubá, incluindo um bom punhado de manjerona, que além de ser digestivo, também estimula o apetite.

- Minha filha vai ficar curada, Benjamim?

- Sem dúvida alguma, minha irmã. Nosso Deus é grande, nos ajuda tanto e "nos perdoa sempre".

Esse "nos perdoa sempre" foi direcionado à vovó Ester, como uma resposta ao insulto recebido.

◇

Deixando a casa da doentinha com um ambiente mais ameno e os semblantes de Marta e Isabel mais tranqüilos, Ben dirigiu-se até a casa de Nelma para fazer lhe uma visita de cortesia.

Entrou até ao pequeno balcão da recepção, e como não tinha ninguém, deu um leve toque numa campainha e imediatamente apareceu Nelma. Ao ver o rapaz, a simpática senhora abriu um sorriso de orelha a orelha, e gritou:

- Ben, que bom revê-lo. Eu já estava ficando com saudades.

E o abraçando como uma mãe saudosa, confidenciou:

- Fiquei sabendo que uma mulher que pode ser sua mãe, esteve no convento procurando por você.

- Sim, dona Nelma, o irmão Carmelo me falou da visita dessa mulher. Mas, infelizmente, ele pôde ouvir somente um nome de cidade. Quem conversou com ela partiu para o outro lado da vida levando preciosas informações. Já decidi, vou acertar minha situação onde estou morando e partirei em breve para Ponte Pênsil.

capítulo 11

•

Difícil decisão

"Nos últimos tempos, disse o Senhor, derramarei do meu Espírito sobre toda a carne; vossos filhos e vossas filhas profetizarão, vossos jovens terão visões, e vossos velhos, sonhos. Naqueles dias, derramarei de meu Espírito sobre meus servos e sobre minhas servas, e eles profetizarão". – (Joel 2:28,29 – Atos 2:17,18).

Benjamim retornou ao convento e passou o resto do sábado em companhia dos queridos amigos que o criaram com carinho. Atencioso, respondeu a todas as perguntas e esclareceu com detalhes todas as dúvidas, quanto às suas atividades em Águas Claras.

Naquela noite, sabendo que iria sair muito cedo, Ben foi de quarto em quarto para se despedir dos queridos irmãos e depois de abraçar carinhosamente a cada um, foi para sua antiga cela que Zózimo arrumou com carinho, e se deitou.

Ao fazer a sua costumeira oração antes de dormir, o rapaz sentiu uma suave sensação invadir todo o seu ser e pôde observar uma branda claridade a iluminar o quarto dissipando a leve penumbra. Fechou os olhos e aí então viu a luz aumentar sua intensidade com uma gama imensa de tonalidades.

À medida que direcionava seus pensamentos em preces ao Criador. A intensidade da luz e as tonalidades das cores variavam numa seqüência maravilhosa, dando a nítida impressão de que algo extraordinário iria acontecer.

Quando Ben encerrou sua oração, surgiu entre os safirinos raios de luz, a figura amorosa de Lutero, seu Guia Protetor. O amoroso espírito aproximou-se do moço, abraçou-o e com palavras inaudíveis ao sentido humano, disse:

"Filho querido, eu te saúdo em nome do Senhor da Vida. A tarefa iniciada deve prosseguir... deve ter continuidade. Os caminhos dos que servem ao Senhor são sempre cheios de espinhos, mas também de perfumes e flores".

"Não desanime, continue a semear, mesmo que em terrenos incultos. Quando menos se espera as sementes espalhadas germinarão e, no tempo certo, irão frutificar".

"Quanto ao assunto de que hoje se fez conhecedor, fique tranqüilo. Trabalhando com amor, você vai ter a felicidade de conhecer a sua querida mãezinha e poder abraçá-la. Quando esse dia chegar, lembre-se de Jesus, que após **saciar as almas das criaturas, também mandou distribuir, pães e peixes".** – Jesus (Mateus 14:19)

A figura amorosa fazendo um sinal característico de despedida, desapareceu, deixando a Benjamim uma paz, uma leveza, jamais sentida por ele. Benjamim adormeceu, só acordando de manhãzinha com o cantar do velho Carijó.

Levantando-se, comeu um naco de pão com café que Zózimo lhe trouxe e depois de abraçar o querido amigo, retornou a Águas Claras.

Ao longe no céu, o clarão do sol esparzia seus raios em todas as direções, convidando as criaturas para mais um novo dia. Quem de perto visse aquele homem caminhando, também ouviria a suave canção que entoava:

Sabe Deus o que seria,
Um dia sem o sol clareando
Sabe Deus... Sabe Deus...
Que as trevas, não mudariam em nada
Pois o Senhor, iluminando a estrada
Guiaria os passos meus!

◇

Passavam poucos minutos do meio-dia quando Benjamim chegou ao Sítio Alvorada. Foi recebido com alegria, pois os Cavalcanti temiam pela sua permanência no convento.

Imediatamente à sua chegada, dona Leonor preparou-lhe o almoço, enquanto os demais lhe perguntavam sobre a causa da morte de Frei Francisco. Enquanto almoçava, Benjamim aos poucos foi contando com detalhes tudo o que aconteceu no convento de Consolação.

- Frei Francisco, nos últimos meses, começou a sofrer dos pulmões. A sua morte foi causada por uma forte hemoptise que o debilitou sensivelmente.

- Não é a tuberculose que faz morrer dos pulmões, Ben? – perguntou Argemiro.

- Sim, mas também os que têm hemoptises, que nada mais é do que uma tuberculose, cujo doente sangra e expele o sangue pela boca.

- Credo em cruz – falou benzendo-se, dona Leonor.

- Leonor, – pediu Argemiro – vamos parar de fazer perguntas ao Ben. Ele deve estar com fome e cansado. Outra hora ele nos conta todas as novidades.

Assim que o rapaz terminou seu almoço, quis saber como foi a palestra e o que ocorreu naquela manhã no salão de Águas Claras.

Arlindo, que até o momento só ouvia, disse:

- Eu, que me acostumei com as suas palavras, não gostei muito das explicações feitas por Lara, mas houve pessoas que gostaram.

- Creio que tudo é questão de gosto – interveio Argemiro. Leonor me disse que gostou das palavras da moça.

- E gostei mesmo. Não que eu não goste das explicações do Ben, só que pra mim, muitas vezes, é difícil acompanhar o raciocínio dele. Lara hoje falou tão simples que eu não perdi nenhum ensinamento.

- Graças a Deus – falou Benjamim – quando eu me for a comunidade terá uma continuadora.

- Mas por que você está dizendo isso, Benjamim?

- Fique tranqüilo, "seo" Argemiro, fiquei sabendo no convento que minha mãe esteve lá, à minha procura. Pelo que sei ela reside em Ponte Pênsil. Assim que a gente estabelecer uma base segura para que a comunidade continue tendo palestras e as orações domingueiras, eu irei embora.

◇

No final daquela semana, mais precisamente no sábado, Benjamim foi até Águas Claras para ter uma longa conversa com Lara. Ele sabia que seria uma conversa difícil, pois ele conhecia quais os sentimentos que Lara lhe nutria. Todavia, Ben estava consciente de que não havia uma outra maneira, a não ser expor o motivo pelo qual deveria mudar-se para Ponte Pênsil.

Ao chegar no pequeno vilarejo de Águas Claras, Benjamim procurou por Lara. Edivânia informou-lhe que a filha estava lavando o salão, preparando-o para a palestra de domingo.

Edivânia, que voltou a andar um mês após as orações e massagens feitas pela filha, ficou intrigada, dando margem aos seus pensamentos:

"Por que será que Benjamim veio a Águas Claras em pleno sábado? Alguma coisa está acontecendo ou, está para acontecer..."

Benjamim, chegando em frente à porta do barracão, chamou por Lara. A moça ouvindo aquela voz inconfundível, veio correndo atender:

- Ben, qual o nome do anjo que te trouxe até aqui? Eu estava justamente pensando em você. Graças a Deus, amanhã é domingo e você voltará a nos ensinar.

- Lara, é justamente esse assunto que me trouxe até aqui. Preciso muito falar com você, mas não aqui. Pode chegar alguém e nos interromper. Vamos até a sua casa, lá conversaremos mais tranqüilos.

A pobre moça com o coração aos saltos e dando asas a sua fértil imaginação, não se atinava com o tipo de conversa que iria ter com Benjamim.

- Vamos sim, Ben, lá a gente pode conversar sossegadamente.

Dentro de alguns instantes, os dois estavam frente a frente, e Benjamim rogando ao Alto que o inspirasse, começou a explicar o porquê daquela conversa:

- Lara, ouça-me com atenção e procure me entender. Sexta passada eu voltei ao convento onde fui criado, atendendo a um pedido do irmão Carmelo. Quando Zózimo apareceu no sítio de Argemiro Cavalcanti dando notícia da morte de Frei Francisco, eu pensei que Carmelo fosse pedir para que eu voltasse. Mas não era isso o que ele queria.

Lara, em pensamento, deu graças a Deus por ele não ter sido convidado para voltar. Mal sabia ela que os próximos esclarecimentos de Ben inundariam seus belos olhos de lágrimas e o seu meigo coração de uma tristeza imensa.

- Mas você está bem aqui conosco, Benjamim. Não se preocupe e nem fique triste se os frades não o convidaram para voltar.

- Não Lara, eu não fiquei triste. Mesmo porque não houve um convite formal para que eu voltasse. Pelo contrário, lá recebi uma notícia que me deixou muito feliz. Minha mãezinha está viva e foi lá no convento me procurar.

- Que bom, Benjamim. E onde está ela agora?

- Mamãe está morando em Ponte Pênsil, a 25 milhas daqui. E é por isso que estamos tendo essa conversa. Gostaria de lhe pedir para me substituir nas palestras e nas orações aos domingos, junto dos nossos queridos companheiros. Amanhã cedo ainda estarei aqui com vocês, mas logo após, partirei para Ponte Pênsil. Quero encontrar minha mãe.

Lara com os olhos vermelhos pôs-se a chorar, sendo preciso Ben chamar por Edivânia a fim de consolá-la.

Esperando que Lara se acalmasse, Ben contou a Edivânia a sua decisão de ir ao encontro de sua mãe, dizendo ter certeza de que a moça seria orientada e conseguiria substituí-lo aos domingos.

Dentro de instantes, após tomar um pouco d'água, Lara acabou concordando com Benjamim e prometeu dar o melhor de si para que as reuniões domingueiras não sofressem paralisação.

Lara até aquela data não tinha entendido uma coisa. A que religião pertencia as palestras que realizavam. Querendo entender o porquê, perguntou:

- Ben, já que estou entrando nesse barco com ele em movimento, gostaria de lhe perguntar:

- Qual é a nossa religião?

- A religião do Cristo, minha irmã. Para ouvir e participar dos nossos comentários sobre o evangelho e também das nossas orações, não é necessário adotar uma das nomenclaturas religiosas já existentes, mas sim, ter muito amor no coração.

- Mas por que não aderir a uma das religiões já conhecidas?

- Porque todos os irmãos que nos procuram já pertencem a uma religião. E, se nos procuram é porque não estão satisfeitos com as que têm.

Querendo deixar bem claro, continuou:

- Se dissermos que somos Católicos, hão de querer que acendamos velas, que adotemos as imagens de santos de suas devoções etc., etc. Se falarmos que somos Protestantes, quererão que sejamos de uma igreja e não de outra. E se algum dia nos confessarmos Espíritas, vamos somente conseguir adversários ferrenhos, gerando sofismas e intrigas. Então, para que as nossas reuniões possam continuar beneficiando a todos os necessitados, temos que, de uma maneira eclética, seguir a Religião do Cristo – **o Amor.**

Benjamim foi tão claro em sua exposição que Lara, satisfeita, concordou com ele, só sentindo não poder manter-se sempre ao seu lado.

Ela, que já não tinha tanta certeza de unir-se a ele um dia, mas alimentava alguma esperança, agora via desmoronar o seu lindo castelo de sonhos!

capítulo 12

•

Em busca do amor de mãe

"Pois somos feitura dele, criados em Jesus Cristo para boas obras, as quais Deus de antemão preparou para que andássemos nelas". – Paulo (Efésios 2:10)

Benjamim, ao retornar para o Sítio Alvorada, expôs a Argemiro Cavalcanti a sua decisão de ir para Ponte Pênsil. Era preciso encontrar sua mãe, pois seu coração dizia que ela estava precisando dele.

Contou aos Cavalcanti sobre a conversa mantida com Lara, obtendo dela a promessa de continuar na leitura e explanação do evangelho, assim como nas orações.

A família Cavalcanti de repente se entristeceu. Principalmente Leonor que via no rapaz um filho e não um estranho.

Arlindo o abraçou e juntos rememoram o dia em que Ben o ajudou a descarregar a carroça de lenha, depois, as orações e os banhos de "sete-sangrias", devolvendo a saúde ao seu querido pai.

Argemiro, ao saber que o moço iria embora no dia seguinte após a reunião de Águas Claras, deu-lhe uma certa quantia em dinheiro que Benjamim só aceitou a metade. Diante da objeção de Benjamim aceitando somente a metade do valor, Arlindo falou:

- Mas Benjamim, por que você não quer aceitar todo o dinheiro? Não pudemos ainda te pagar nada e você tem trabalhado tanto.

- Não é necessário, meu amigo. Eu ainda tenho um pouco do que trouxe comigo do convento. Vocês me trataram tão bem, me deram de tudo e não precisei gastar nada. Portanto, o que tenho e mais esse que estou aceitando dá pra me manter até arranjar, como vocês dizem, uma outra colocação. O maior valor que levo desta casa é a amizade, a lembrança do carinho que aqui recebi. A certeza de que vou deixar grandes amigos.

◇

No domingo, depois do término da reunião, Benjamim abraçou a todos os seus irmãos de ideal e partiu rumo a Ponte Pênsil, deixando lágrimas nos olhos de tanta gente. Principalmente nos bonitos olhos de Lara.

Caminhou até às 18 horas e parou numa pensão à beira da estrada, pois era necessário descansar, a fim de poder continuar a caminhada na segunda-feira cedinho.

Após um banho reconfortante, jantou e recolheu-se naquele simples quarto de pensão. Abrindo a sacola de couro, tirou o Novo Testamento e leu:

"Outra, enfim, caiu em boa terra, e deu frutos: a cem, a sessenta e a trinta por um. Quem tem ouvidos, ouça". – Jesus (Mateus 13:8,9)

Ben, que foi sempre solícito, sempre presente, procurando ajudar a todos os necessitados, agora ali tão distante, deu asas aos seus pensamentos e, mentalmente lembrou-se dos semblantes tristes dos pobres seres que conheceu e pôde ajudar.

Teimosas lágrimas, geradas pela pureza de um coração bondoso, assomavam-lhe no rosto e tentavam descer. Enquanto as enxugava, o moço fechando seus olhos começou a refletir:

"Meu Deus, como seriam maravilhosos os caminhos do mundo se esses caminhos estivessem isentos do egoísmo destruidor. Com o amor em sua mais bela expressão a embalar as mais nobres esperanças, tudo seria diferente".

"Não existe ainda, Senhor, a condição ideal para o crescimento do amor dentro de todos os corações. O egoísmo, na atualidade, representa os espinhos da Parábola do Semeador. Raramente as sementes são lançadas e, quando são, os espinhos abafam-nas".

"Nos dias de hoje há os que se emocionam e choram diante das provações alheias; contudo, nada fazem. Além disso, não conseguem estabelecer uma ponte entre a emoção e o bem a ser feito".

"Hoje, diante da vida do corpo que o tempo limita, as criaturas querem colher, mas não semear. Amanhã, diante da mudança forçada pelo fenômeno da morte, quem não semeou parte com as mãos vazias e, quase sempre, com o coração transbordante de aflição e desespero".

"Senhor, dai forças aos que trabalham na Seara do Bem para que jamais desanimem. Dai, Senhor, a vossa Divina Luz aos que tateiam nas trevas da ignorância, a fim de que possam **entender e atender** à Vossa Santa Vontade. Que a nossa Terra possa ser um dia, Senhor, o mundo feliz que todos sonhamos".

◇

Benjamim, cansado pela caminhada debaixo do sol causticante, adormeceu como um bebê ouvindo uma canção de ninar. Só acordou quando os primeiros raios do amigo sol invadiram o quarto pelas frestas da janela.

Levantou-se, tomou o café da manhã, depois acertou o que devia ao dono da pensão e saiu estrada à fora. Era necessário alcançar Ponte Pênsil antes do anoitecer, pois não queria pousar em outra pensão que não fosse já na pequena cidade. Era necessário ter uma reserva de dinheiro para as primeiras despesas na nova localidade.

Caminhou o dia todo e quando o relógio da Igreja de São Pantaleão marcava um pouco mais das 20 horas, Benjamim estava entrando na pequena Ponte Pênsil.

Perguntando numa casa onde encontrar uma pensão, informaram-lhe que duas ruas à frente ele encontraria a Pensão São Jorge.

Meia hora mais tarde, Ben já tinha se banhado e jantava tranqüilamente, quando Jorge, o dono da pensão, perguntou-lhe:

- O moço está vindo de longe?

- Mais ou menos, "seo" Jorge. Quando se anda a pé, parece que a distância aumenta. Estou vindo de Águas Claras, há dezenas de léguas daqui.

- Veio a negócios, ou está só de passagem?

- Vim à procura de um parente que se mudou há pouco tempo pra cá.

- Ah sim. Posso ajudá-lo. Talvez eu conheça o seu parente.

Benjamim, não querendo revelar qual o verdadeiro motivo de sua vinda a Ponte Pênsil, respondeu:

- Não sei se o senhor o conhece, pois como eu lhe disse, ele se mudou para Ponte Pênsil há alguns meses. Seu nome é José da Silva.

- Silva... José da Silva... Não, não conheço ninguém com esse nome.

- Não tem problema, "seo" Jorge, amanhã cedo eu o encontrarei.

No dia imediato, assim que percebeu movimentos na casa, Ben levantou-se, foi até ao banheiro e de lá para o refeitório, onde tomou um copo de leite com biscoitinhos de nata.

Voltou para seu quarto, apanhou os documentos e uma caneta e saiu. Era preciso encontrar pelo menos uma pista que o levasse até sua mãe, pois seu coração amoroso ansiava por encontrá-la.

Caminhou até a praça principal de onde se via ao fundo a Igreja de São Pantaleão, sentou-se num banco e esperou que passasse alguém para pedir informações. Dentro de instantes, uma senhora, trazendo ao colo uma belíssima criança, veio em sua direção e então perguntou:

- Por favor, a senhora poderia me informar se existe na cidade uma mulher estrangeira? Alguém que fala com um sotaque um tanto arrastado?

- Com um sotaque arrastado? Ah, sim, deve ser a viúva rica. Ela mora no outro lado da cidade, numa casa grande cercada com muro alto. Mas nessas horas eu creio que ela já deve estar no orfanato.

Benjamim agradeceu pela atenção da senhora e começou a matutar. Não seria bom perguntar a muitas pessoas, pois alguém procurando por uma senhora estrangeira e, de acordo com a informação recebida, "viúva rica", poderia levantar suspeita.

Porém, duas coisas ele já sabia a respeito de sua suposta mãezinha: que ela morava do outro lado da cidade e que mantinha um orfanato em algum lugar.

Aguardou mais alguns momentos e ao se aproximar um ciclista, levantou-se de onde estava sentado e foi ao encontro do moço, perguntando:

- Por gentileza, o senhor poderia me dizer o que devo fazer para ir até ao orfanato?

- O orfanato? Pra ir até lá você deve seguir em frente até a terceira rua e depois quebrar à direita e ir embora. No finalzinho da rua você segue por uma estradinha estreita que ela te levará ao orfanato. Desculpe-me, mas você é um dos candidatos à vaga de Educador?

- Não, não... Sou um visitante apenas. Muito obrigado pela informação meu amigo. Que Deus lhe pague!

De posse da última informação, Ben, a passos largos e com o coração aos saltos, foi à procura do orfanato.

◇

A questão de rumo é algo de suma importância em nossas vidas, e muitas vezes, preocupamo-nos tão pouco com isso. Alertemo-nos. Nosso destino, bom ou mau, tem muito a ver com a escolha que fizermos!

◇

Dentro de vinte minutos aproximados, Benjamim estava acionando a sineta na portaria do Lar Esperança. Seu coração, como um pássaro querendo escapar de um alçapão, não dava tréguas... Batia mais que um bumbo em desfiles de um feriado nacional.

O porteiro que o atendeu chamou uma jovem e ela, educadamente, perguntou o que ele desejava. Benjamim sem ter pensado em um motivo diferente do que realmente procurava no orfanato, respondeu:

- Sou um candidato à vaga de Educador. Espero que a mesma ainda não tenha sido preenchida.

- Na realidade, ainda não. Entre, por favor, vou avisar Madame Constantin que tem mais um candidato. A quem devo anunciar?

- Meu nome é Benjamim. Benjamim de Jesus Santana, senhorita. Obrigado pela atenção.

Dentro de alguns instantes, a moça voltou e solicitou que Ben a acompanhasse até ao escritório, pois Madame Constantin já estava a sua espera.

Ao entrar no corredor daquele orfanato, Benjamim emocionado, contendo a custo o pranto, sentiu em seu íntimo um misto de alegria e de dor. De alegria, por saber que por detrás de uma daquelas portas poderia estar a sua querida mãezinha. E de dor, por não poder, ao entrar, atirar-se em seus braços, beijar-lhe o rosto e chamá-la de mãe. Seria, no mínimo, uma imprudência de sua parte, se assim o fizesse. Como ela reagiria? Que conseqüências essa atitude traria? E se existissem duas estrangeiras na cidade?

Ao chegar em frente ao escritório, a funcionária parou, deu duas batidinhas na porta, aguardou alguns segundos e a porta foi aberta. A moça apontando Benjamim para a patroa, disse-lhe:

- Madame, eis aqui Benjamim, o candidato.

A nobre senhora estendeu a mão ao moço e, um tanto embaraçada, o cumprimentou:

- Prazer em conhecê-lo Sr. Benjamim. Entre por favor, sente-se aqui e fique à vontade.

◇

Ben, indeciso, não tendo certeza de que aquela mulher fosse sua mãe e vendo-a sem ação, pôde perceber que um vínculo espiritual os uniam. Enquanto, em frações de segundos, mil coisas passavam-lhe pela cabeça, Benjamim agradecia em pensamento ao Pai Celeste:

"Obrigado, meu Senhor. Como és grande e sábio por colocar no imo de cada ser, a **força do amor;** essa força capaz de manter o entrelaçamento espiritual entre as criaturas, imantando-as umas às outras."

E, antes de tomar a iniciativa da conversa, relembrou as palavras do salmista: ***Os céus declaram a glória de Deus, e o firmamento anuncia a obra de suas mãos.*** – Salmo 19.1.

Foi Benjamim quem deu início à conversa, elogiando o bom gosto da arquitetura do orfanato. Em resposta, agora quase refeita da emoção que a assaltara pela presença do candidato, Madame Constantin agradecendo, falou:

- Obrigada, Benjamim. Vejo que você é muito observador. Então você está interessado em preencher a vaga de Educador? Trouxe alguma referência?

- Não, senhora. Apenas muita vontade de ajudar as crianças e servir ao Senhor.

- Nossa! Foi a melhor "recomendação" apresentada até o dia de hoje aqui no Lar Esperança.

- Obrigado, Madame. Mas assim, a senhora me deixa sem jeito.

- Mas é a mais pura verdade. Nenhum dos que se apresentaram pretendendo ocupar a vaga existente me impressionou tanto. Façamos assim: você tem um mês como teste. Se você se adaptar com o nosso Regime Interno e também na orientação aos nossos adolescentes, enfim, se os resultados forem bons para ambas partes, a vaga será sua.

- Não sei como lhe agradecer, Madame Constantin.

- É fácil, me agradeça transformando a ótima impressão que me causou em benefícios para os meus queridos filhinhos, os internos do Lar Esperança. Você terá um salário que irei estudar com carinho e poderá fazer as suas refeições aqui no orfanato.

capítulo 13

O educador

"Procura apresentar-te a Deus, aprovado, como obreiro que não tem de que se envergonhar, que maneja bem a palavra da verdade". – Paulo (II Timóteo 2:15)

Naquele mesmo dia, Ben iniciou o contato com os adolescentes do Lar Esperança. Foi Madame Constantin quem o apresentou aos treze mocinhos e pela reação dos mesmos, ela tinha a certeza que Benjamim se sairia muitíssimo bem no desempenho da função.

Com o coração aberto e sempre inspirado pelo Alto, Ben teve uma conversa amiga com os adolescentes, colocando-se à disposição de qualquer um, para esclarecer qualquer dúvida. Isso fez com que mais se estreitassem os laços de amizade e confiança entre eles.

Antes do anoitecer, ao encerrar o seu primeiro dia de trabalho, Benjamim acompanhou os adolescentes até as dependências a eles destinadas e ao sair deparou-se com Madame Constantin que lhe perguntou:

- E aí, Benjamim, o que você achou dos meus filhinhos mais velhos?

- Eu gostei, Madame. É uma experiência nova para mim, mas confesso que estou adorando. Sinto-me como um jardineiro no meio de tenras plantinhas necessitando de cuidados.

- Diga-me uma coisa, Benjamim, você nunca exerceu a função de educador?

- Para dizer a verdade, não. Já fiz quase tudo. Já lavrei a terra, ordenhei vacas, fui bibliotecário, mas nunca tive a felicidade de manter um contato mais íntimo com as crianças.

- Você é novato aqui na cidade ou é um autêntico pontepensilense?

- Não, senhora, eu não sou daqui. Cheguei ontem à noite na cidade. Eu estava morando ultimamente no Arraial de Águas Claras. Morava lá com uma família de sitiantes.

- Você não tem uma família, Benjamim?

- No termo que se dá à palavra, não. Por todos os lugares que tenho andado as pessoas mais velhas me tratam como filho e, por minha vez, procuro corresponder e tenho todos como irmãos queridos.

- Desculpe-me a curiosidade, mas você com certeza teve um pai, uma mãe ou não os conheceu?

Com o coração apertado e esforçando-se para conter as lágrimas que tentavam inundar seus olhos, Ben se viu embaraçado. Não poderia dizer que não conheceu sua mãe porque fora deixado às portas de um convento. Tal atitude colocaria tudo a perder no que tencionava fazer.

Ele gostaria de manter-se no anonimato até descobrir o nome completo de Madame Constantin e compará-lo com as três letras (CCS) escritas na carta deixada por sua mãe ao abandoná-lo.

Assim, depois de se controlar e enxugar as furtivas lágrimas pediu desculpas e falou:

- Fui adotado por uma família que me criou com amor e carinho e de quem tenho muita saudade. Quanto a minha mãe biológica, creio que por não ter condições de me criar, ela achou melhor doar-me.

Agora foi a vez dos lindos olhos de Madame encher de lágrimas. Benjamim, como um perfeito cavalheiro, tirou seu lenço e o ofereceu à patroa, enquanto dizia:

- Fique tranqüila, senhora. Não se emocione por minha causa!

◇

Com o passar dos dias, Ben notou que às vezes a patroa sentia algum tipo de mal-estar e procurava se assentar logo, ou apoiar-se em algo. Como um bom observador, percebia que nesses momentos o rosto de Madame avermelhava-se e ela ficava numa incontida ansiedade.

Ele, que veio viver entre as criaturas terrenas com a finalidade de ajudar, passou a observar mais de perto essas crises de Madame Constantin e, ao acontecer de novo, aproximou-se dela, pediu que trouxessem um copo d'água e assim que ela restabeleceu-se, com muito jeito falou:

- Desculpe-me senhora, pela intromissão. Eu creio que o "mal-estar" que às vezes a madame sente deve ser conseqüência de variação da pressão arterial. A senhora toma algum medicamento?

- Não, Benjamim. Esse problema está acontecendo de uns dois meses pra cá.

- Seria bom que a senhora consultasse um médico. Os nossos corpos têm as suas defesas e quando existe alguma anormalidade, eles nos alertam de diversas maneiras. Esses tipos de vertigens são indícios de que algo está errado.

- Fique tranqüilo, meu filho, assim que der certo procurarei um médico.

Ben sentiu seu coração sacolejar forte dentro do peito ao ouvir a patroa chamá-lo de "filho". Era uma emoção que jamais sentira em toda a sua vida.

Fazia pouco tempo que Benjamim estava morando em Ponte Pênsil e seu desempenho junto aos adolescentes do orfanato estava além das expectativas. Madame Constantin, que muito simpatizava com o rapaz, ao saber que ele morava numa pensão, cedeu-lhe um quarto do orfanato e assim, Benjamim transferiu-se para o Lar Esperança.

◇

Dez dias antes de se mudar para o orfanato, Ben se encontrara com Silas Mariano, alguém que como ele, também deixou Águas Claras para arriscar a sorte em Ponte Pênsil. No pouco de contato que tiveram, combinaram de encontrar um salão onde pudessem estudar e, se possível, franquear ao público os ensinamentos do evangelho.

Benjamim, mesmo orando diariamente, mesmo observando os ensinamentos de Jesus no seu dia-a-dia, estava precisando exercitar os "divinos dons" de que fora incumbido de praticar.

Num final de semana, após se banhar, o jovem educador lia o Evangelho tranqüilamente em seu quarto quando o porteiro o procurou e lhe disse:

- Seo Benjamim, um homem chamado Silas está na portaria procurando pelo senhor. O que eu faço?

- Eu já vou atendê-lo, Gervásio. Só vou vestir uma camisa e já vou para lá.

Dentro de um minuto, os dois amigos estavam se abraçando em frente à portaria. Silas mostrava-se contente em abraçar o amigo e, ao mesmo tempo, muito feliz em poder lhe dar uma boa notícia:

- Ben, eu consegui encontrar um local para realizarmos... Isto é, para você realizar as palestras das quais eu já estou necessitando.

- Que bom, meu amigo. E quando vou poder conhecer esse local?

- Amanhã. Pegarei a chave de manhãzinha com o dono e na parte da tarde iremos todos. Leontina e as crianças também não vêem a hora de tudo estar funcionando como em Águas Claras.

capítulo 14

•

Perseguição gratuita

"Em verdade, em verdade vos digo que vem a hora, e já chegou, em que os mortos ouvirão a voz do Filho de Deus; e os que a ouvirem, viverão". – Jesus (João 5:25)

Dentro de duas semanas, o local onde seriam realizadas as palestras estava pronto. Tudo era simples. Com uma mesinha ao fundo, bancos de madeira e algumas cadeiras e muito entusiasmo.

Benjamim, que sempre gostou de tudo certinho, na primeira oportunidade que teve contou a Madame Constantin o que estava acontecendo. Pensava ele que a patroa por algum motivo poderia ser contra, porém aconteceu o contrário. Madame ficou muito feliz em saber que o seu Educador era alguém com capacidade de tecer comentários sobre os ensinamentos de Jesus.

Ficou acertado que as reuniões seriam realizadas aos domingos, às 8 horas, e seriam franqueadas a todos.

No início, compareceram umas vinte pessoas, incluindo Benjamim, Silas e seus familiares. No segundo domingo, porém, a freqüência aumentou devido aos comentários que passou de boca em boca, enaltecendo a facilidade que o Educador do orfanato tinha em discorrer sobre os ensinamentos do Evangelho.

No domingo seguinte, foi difícil acomodar tanta gente. Até mesmo Madame Constantin se fazia presente acompanhada de Polidora, sua governanta. Mas, infelizmente, os campos religiosos do mundo ainda não estão preparados para receber a semente da Boa Nova. Com o crescente aumento do número de participantes, a inveja se instalou nas mentes daqueles que se julgavam os donos da verdade, então começaram a surgir intrigas e boatos na tentativa de desencorajar o jovem pregador, mas não surtiram efeito algum. Os descontentes passaram, então, a distribuir panfletos ameaçadores. E como tais medidas não o intimidaram ainda dessa vez, apelaram para a violência.

A turba inconsciente atacou Benjamim de surpresa, dando-lhe uma surra de deixá-lo muito ferido. Os agressores eram muitos e tinham os seus rostos encapuzados, não tendo como se apurar os autores do ato bárbaro.

Não contentes, os inimigos da verdade atacaram o salão à noite, destruindo tudo: mesa, cadeiras e bancos. Uma cena de vandalismo que só mesmo mentes trevosas podiam arquitetar.

No dia seguinte, a cidade inteirinha comentava o acontecido. Uns diziam que foram os evangélicos de tal igreja; outros não concordavam, dizendo que os seguidores da outra igreja eram mais radicais. Chegaram mesmo a dizer que foram "os carolas" de Padre Nestor, os autores.

Sem ter como receber dignamente os irmãos de ideal e influenciado por Silas, Benjamim pensou em suspender temporariamente as reuniões dominicais; porém, ao fazer a sua oração costumeira antes de dormir, Lutero, seu protetor, aparecendo, falou:

"Meu filho, você já imaginou o que seria do mundo se os seres enviados à Terra para disseminar o bem e a verdade desistissem nos primeiros contratempos? O mundo estaria hoje vivendo um verdadeiro caos. Não desista, lembre-se do Mestre Jesus que mesmo sofrendo todos os tipos de perseguições, jamais deixou de ajudar aos necessitados e de difundir a Luz da Boa Nova".

"Avante, companheiro, não se atemorize diante dos empecilhos da estrada. O caminheiro atento jamais será vencido por eles e conseguirá sempre atingir os seus objetivos. Quem sabe os pequenos contratempos de hoje serão, amanhã, motivos de grandes alegrias!"

No dia seguinte, Benjamim procurou por Silas e encareceu a necessidade de lutar para que as palestras não sofressem paralisação. Expôs ao amigo as palavras de Lutero, pedindo que continuassem, e Silas, assim desabafou:

- É mesmo... A Luz da Verdade deve prevalecer sempre. E é até desaforo. Se eles estão incomodados pelo "clarão da verdade", que tratem de abrir seus olhos e procurar a **verdade verdadeira**.

- É isso mesmo, Silas. Creio que os simpatizantes das nossas palestras não se importarão em ficar em pé. Se conseguirmos de início assentos para as senhoras e idosos, com o tempo e aos poucos, encheremos o salão com novos bancos e cadeiras.

No mesmo dia em que decidiram dar continuidade às palestras, a patroa de Benjamim o cumprimentou pelas belas palavras, que ela disse não ter perdido uma só. Ela ainda não estava sabendo que o salão tinha sido depredado na noite anterior.

Ben, um tanto entristecido, contou à madame que o salão fora atacado por vândalos durante a noite e todos os móveis foram quebrados. Madame Constantin vendo que algumas lágrimas brotavam dos olhos de seu educador, falou com calma, serenando-lhe a mente:

- Fique tranqüilo, meu filho, pra tudo se dá um jeito. Você não vai desistir... Vai?

- Desistir? Não! Só que estou penalizado só de pensar em não ter como acomodar dignamente as senhoras e os velhinhos.

- Fique tranqüilo, Benjamim. As suas palestras não serão paralisadas. Elas poderão ser feitas em outro lugar.

- Mas onde? Mesmo que se arrume um outro lugar, faltarão os bancos e as cadeiras e não temos condições de comprá-los, assim de pronto. E quem vai nos garantir que os vândalos não atacarão de novo?

- Não se preocupe, Ben. As suas palestras terão continuidade. Elas serão feitas aqui dentro do Lar Esperança.

- Desculpe-me, Madame, mas ainda não entendi. Em que local?

- No barracão paralelo ao muro da direita. Ele é bastante espaçoso e o dividiremos em dois. Creio que a recreação dos pequeninos não sofrerá nada com isso. Além do mais, é para uma causa mais do que justa.

- Deus do céu, madame! Creio que estou criando uma tremenda complicação para senhora.

- Nada disso, meu filho. Faça-me um favor, mande os seus amigos avisarem a todos os participantes que a palestra de domingo vai ser aqui no Lar Esperança. Até domingo, se Deus quiser, providenciaremos os móveis necessários e também, uma porta de entrada no muro. Quanto à divisão do barracão, provisoriamente, colocaremos um biombo até conseguirmos levantar uma parede.

Assim, na reunião do domingo seguinte, mesmo descontando as pessoas que não foram avisadas, a freqüência foi ótima, enchendo o salão improvisado.

Madame Constantin estava radiante e Benjamim não sabia como agradecê-la.

◇

Entretanto, nem sempre a propagação da luz consegue agradar a todos. Polidora, que nunca fez questão de ir conhecer o Lar Esperança e agora teria a oportunidade, pediu desculpas à patroa e preferiu ir à missa do padre Nestor. E trouxe novidades.

Quando Madame voltou para casa, a governanta, de maneira jocosa, perguntou:

- Como foi a palestra do Santo de Águas Claras?

Madame não ligou para o tom irônico da governanta e respondeu:

- Foi ótima. O Santo, como você disse, tem condições de ensinar, não apenas os internos do orfanato, mas a todas as criaturas da Terra.

- É, mas não é isso que o Padre Nestor acha.

- O Padre Nestor? E o que ele acha?

- Segundo o nosso querido padre, Benjamim não passa de um aproveitador. Ele veio de Águas Claras para trabalhar no Lar Esperança com segundas intenções.

- Bobagem, o pároco de nossa cidade não sabe o que está dizendo.

◇

Madame Constantin, depois da conversa que teve com a governanta de sua casa, entrou em seus aposentos para trocar de roupa e começou a pensar consigo mesma: "O que será que está acontecendo com Polidora? Ela nunca foi de ir tanto a igreja e de alguns meses pra cá não perde uma missa!"

A benemérita fundadora do Lar Esperança, nem de longe podia imaginar o que se tramavam às escondidas, e o que planejavam para se apossarem de sua fortuna.

capítulo 15

•

Tramas ocultas

"Porque o amor do dinheiro é raiz de todos os males; e alguns, nessa cobiça, se desviaram da fé, e a si mesmos se atormentaram com muitas dores". – Paulo (I Timóteo 6:10)

As reuniões com as palestras e orações feitas por Ben continuaram sendo realizadas nas dependências do Lar Esperança, mesmo porque, Madame Constantin percebeu que dentro do próprio orfanato, os internos, principalmente os mais velhos, sentiram os efeitos benéficos das palavras de seu educador.

Também muitos eram os beneficiados que, depois de longos tratamentos pela medicina tradicional, muitas vezes gastando o próprio sustento, se diziam curados através das orações e imposições das mãos do bondoso jovem e isso açulava o ânimo dos opositores da sua nobre missão.

O novo salão construído para esse fim não tinha como sofrer nenhum tipo de vandalismo, assim, Benjamim, satisfeito, dedicava-se de corpo e alma no santo mister de esclarecer, consolar e ajudar, aliviando os sofredores.

Madame Constantin, notando a capacidade de seu educador, começou a inteirá-lo de todos os assuntos pertinentes à administração do orfanato. Assim, Benjamim, ao manusear alguns dos documentos, pôde constatar que havia divergência de uma letra no nome de Madame Constantin com as iniciais da carta que trazia, pois que ela assinava Caroline Constantin Hernandes.

Mesmo assim, Ben não se entregou ao desânimo, pois segundo as orientações de Lutero, **ele iria encontrar a sua mãezinha querida**. Talvez a inicial "S" na carta deixada por ela – pensava – fosse o seu nome de solteira. Isso explicaria tudo.

Com esmero e dedicação, passou a colaborar com aquele doce anjo sempre rodeado de crianças, das quais ela se tornara mãezinha extremosa. Quanto a ele, sem perder as esperanças, continuou a dar o melhor de si, pois madame o tratava como a um filho. Todavia, o impasse ainda continuava. Seria ela a sua mãezinha?

Com carinho e atenção redobrada, Ben fazia tudo para poupá-la de qualquer preocupação. Assim, numa tarde, o porteiro avisou que existia uma pessoa querendo falar com madame. Benjamim adiantou-se e prontificou-se em atender a pessoa na portaria.

Era um homem bem vestido, dizendo ser advogado e que veio de Santo Amábile para falar com Caroline Constantin Hernandes. Benjamim apresentou-se como procurador de Madame Constantin e esclareceu:

- Desculpe-me, Dr. Gustavo, madame não está passando bem de saúde e mandou-me representá-la, do que se trata?

- Estou representando o meu cliente, Sr. Ângelo Tornelli, possuidor de um imóvel em Santo Amábile e que foi alugado à Polidora de Alencar, tendo como avalista o Sr. Pablo Hernandes. Como a referida senhora mudou-se deixando de pagar os alugueres e o avalista já é falecido, fui incumbido de receber da viúva de Pablo Hernandes, o montante da dívida.

- Quantos meses ficaram sem pagamento e qual é o valor da dívida?

- Os meses sem pagamento são de abril do ano passado até a presente data. São 14 meses e o total da dívida está aqui calculado, tudo na forma da Lei, como o senhor mesmo pode verificar.

- Posso dar uma olhada no contrato de locação, doutor? Estou achando estranho.

- Estranho por que, meu rapaz?

- Pelo que sei, Polidora já era governanta de madame em Santo Amábile e ela sempre morou com Madame Constantin. Por que ter uma casa alugada?

O advogado esboçou um ar de riso e baixando o tom da voz, falou:

- Olhe meu jovem, o que vou lhe contar não deve chegar aos ouvidos de Madame Constantin, mesmo porque, estando adoentada, inteirando-se do que acontecia sem o seu conhecimento, fará com que o seu mal se agrave. Não é nenhum segredo em Santo Amábile que o Sr. Hernandes e Polidora mantinham um romance há muito tempo.

◇

Com todo o cuidado para que a patroa não soubesse a fundo a origem daquela dívida, Ben esclareceu a viúva que era um valor que Pablo Hernandes deveria pagar e que só não o fez devido ter falecido no acidente.

Benjamim sabia que estava faltando com a verdade, mas querendo evitar mais sofrimentos àquela criatura tão sofrida, achou melhor omitir os fatos verdadeiros para que pudesse pagar aquela dívida.

Tornando-se conhecedor do romance que existiu entre Pablo e Polidora, o jovem educador ficou mais alerta quanto à saúde de Madame Constantin. Sempre indagava se ela estava tomando os medicamentos no horário certo, se ela não fora mais acometida por aquelas vertigens.

Nesses momentos, Madame Constantin pensava: "Por que será que Ben se preocupa tanto comigo? Que mistério existe entre nós, meu Deus?"

◇

Numa tarde chuvosa, todos os internos do orfanato se aquietaram amedrontados pelos raios e trovões. Só se ouvia no telhado o despejar abundante do aguaceiro que descia das alturas. Nesse momento, depois de orientar professoras e pajens para que acalmassem os pequeninos, Madame Constantin procurou Benjamim e o encontrou fazendo algumas anotações no escritório.

Ela entrou, sentou-se em frente ao rapaz e com toda a simplicidade, falou:

- Ben, eu estive pensando uma coisa. Pode ser uma cisma boba, mas ando desconfiada de Polidora.

- Mas, por que Madame?

- O tempero lá de casa está ficando insuportável. Já alertei Polidora para pedir que se diminua o sal, mas... Já chegamos a demitir a velha Joana, nossa antiga cozinheira devido ao excesso, mas o tempero anda forte como sempre. O pior de tudo, e muito esquisito, é que vi Polidora cochichar no ouvido de Joana quando ela estava indo embora e lhe dar algum dinheiro.

- Madame, desculpe-me o atrevimento, mas por que a senhora não conversa diretamente com a cozinheira?

- Já pensei nisso, Benjamim, mas fiquei com medo de Polidora tomar isso como ofensa. Para amenizar um pouco a situação, além de almoçar, procuro quando posso, jantar aqui no Lar Esperança. Às vezes penso que a alimentação lá de casa é que está alterando a minha pressão arterial.

- Madame, faz tempo que Polidora trabalha como governanta para senhora?

- Deve fazer mais de 10 anos. Quem a trouxe para trabalhar na mansão de Santo Amábile foi o Pablo. Ela sempre me tratou bem, sempre me respeitou, mas há alguma coisa nela que não sei atinar o que é, que não me agrada.

- Fique alerta, senhora. Muitas vezes temos ao nosso lado lobos disfarçados em peles de ovelha.

◇

Uma semana após aquela tarde chuvosa, Madame Constantin solicitou a presença de Benjamim em seu escritório e, depois que ele acomodou-se na cadeira, falou:

- Ben, eu solicitei a sua presença porque tenho algo importante para lhe contar. Tenho agora motivos de sobra para desconfiar de minha governanta.

- A senhora descobriu alguma coisa de concreto, madame?

- De concreto, não, mas evidências bem fortes de que Polidora está de olho em minha fortuna. E talvez, ela não esteja só nessa conspiração...

- Como assim, madame?

- Veja bem... Polidora me perguntou assim: "pra quem ficará o Lar Esperança depois da morte de madame?" Respondi-lhe que não sabia e, em contrapartida, lhe perguntei: por que tanto interesse? Ela então despejou: "o Padre Nestor disse que aceitaria cuidar do orfanato em troca da metade dos valores de sua fortuna". Aproveitei a deixa e complementei: e com certeza, a outra metade seria pra você? Ela um tanto sem jeito, respondeu: "se a senhora não tem pra quem deixar, nada mais justo deixar pra mim, uma vez que a sirvo com carinho há diversos anos".

Benjamim que sabia da falsidade de Polidora, boquiaberto pelo cinismo da governanta de madame, arrematou:

- É de se lamentar haver em nosso mundo pessoas assim. E o pior de tudo é que o fascínio exercido pelo poder, pelo ouro, muitas vezes faz as pessoas meterem os pés pelas mãos e se complicarem perante a Justiça Divina!

capítulo 16

Mãe e filho

"Portanto, meus amados irmãos, sede firmes, inabaláveis e sempre abundantes na obra do Senhor, sabendo que, no Senhor, o vosso trabalho não é em vão". – Paulo (I Coríntios 15:58)

Benjamim ficou admirado com a desfaçatez de Polidora e sabendo que a governanta não era nada confiável, alertou Madame Constantin para que tomasse cuidado. Talvez – pensava – a maior quantidade de sal colocada nos alimentos de madame fosse proposital, para que a nobre senhora viesse a sofrer um derrame causado pela elevação repentina da pressão arterial.

Numa manhã de domingo, logo após a palestra, Madame Constantin procurou por Benjamim dizendo que precisava muito lhe falar. Madame estava muito abatida, com profundas olheiras a demonstrar uma noite de sono mal dormida.

Vendo-a cambalear ao entrar no escritório, Benjamim a apoiou, ajudando-a a se sentar e lhe perguntou:

- A senhora não está se sentindo bem, Madame?

- Não é nada, meu filho, creio que deve ser o efeito do calor. Ou então esse ligeiro mal-estar deve estar relacionado com a péssima noite que passei.

- O que está acontecendo, senhora? Existe algum problema que a está atormentando?

- Sim, Benjamim. Ontem à noite no jantar, a sopa que Polidora mandou me servir estava salgada demais. Parece-me que alguém despejou de propósito o saleiro todo na panela. Eu apenas experimentei e disse não estar com fome. Fui até a cozinha e apanhei duas maçãs. Ao subir para os meus aposentos, deparei-me com a cozinheira e reclamei da sopa salgada. Com os olhos rasos d'água a pobre chorou e me garantiu ter temperado a comida conforme as recomendações dadas.

- Então, pelo que dá pra deduzir, Polidora está por traz de tudo isso?

- Sim, Ben, custa-me acreditar, mas não existe outra explicação.

- Madame, eu não deveria dar palpites, pois quem sou eu para me arvorar em juiz. Mas em seu lugar, eu demitiria Polidora. A senhora está arriscando a sua saúde e também a dos outros empregados que trabalham na casa.

- Interessante, Benjamim. Ninguém até hoje se queixou de nada. Será que o sal é colocado depois da comida pronta?

- Pode ser Madame. É só a senhora que querem prejudicar.

- Você tem razão, Benjamim. Isso, porém, pode ser facilmente resolvido. Por favor, meu filho, pode contratar sigilosamente, uma nova governanta. Assim nos livraremos desse problema de uma vez por todas.

Dentro de alguns dias Benjamim contratou uma nova governanta e demitiu Polidora. No ato do acerto de contas e depois de assinar e receber todos os seus direitos, Polidora, que se fazia acompanhar por um advogado, quis criar caso, dizendo não ter recebido o aumento prometido pelo extinto Pablo Hernandes.

Benjamim, que conhecia parte do passado da governanta, tinha levado os recibos da casa alugada em seu nome em Santo Amábile e exibiu-os no momento.

Diante do fato inesperado, Polidora envergonhada saiu cabisbaixa e nunca mais voltou a reclamar qualquer direito.

Com a contratação de uma nova governanta, madame voltou a ter saúde e sempre agradecia aos céus e ao seu Educador pelo acerto na sugestão dada.

◇

A nova governanta era de Ponte Pênsil e de família freqüentadora das reuniões feitas por Benjamim. Com as orientações recebidas, Ivete, a nova empregada, contribuiu para a melhora do ambiente da casa da fundadora do Lar Esperança. A alimentação melhorou, os semblantes dos empregados tornaram-se mais alegres. Enfim, a alimentação, tanto material como espiritual, tornaram-se mais sadias. Sim, porque a alegria é um dos alimentos da alma.

Benjamim se aplicava de coração aberto na orientação dos trabalhos do orfanato, de tal modo que, de suas sugestões, professoras e pajens ao aplicá-las junto aos pequenos, colhiam maravilhosos resultados. Os garotos dantes irrequietos e às vezes birrentos, agiam agora como doces carneirinhos.

Tudo estava indo bem. As palestras domingueiras continuavam esclarecedoras, como sempre foram. As orações feitas numa doce união de pensamentos, também. De vez em quando se ouvia falar de benefícios recebidos por pessoas enfermas.

Ben, satisfeitíssimo, via os seus esforços e dos companheiros coroarem-se de êxito. Porém, uma leve tristeza dentro de seu coração amoroso trazia-lhe, às vezes, algumas lágrimas aos olhos.

Intimamente, ele sabia que Madame Constantin era sua mãe. Seu coração amoroso dava provas disso; porém, temia revelar-lhe a sua verdadeira origem. Qual seria a sua reação? E se, ao invés da alegria do reencontro, um mal súbito a atingisse?

Naquela noite, antes de pegar no sono, orou fervorosamente a Deus, pedindo orientações nesse sentido. Ao endereçar aos céus os últimos pensamentos em forma de oração, a presença amiga de Lutero iluminou o quarto e suas palavras serenaram-lhe a mente:

"Meu filho, fique tranqüilo. O trabalhador atento aos seus deveres jamais ficará esquecido. Continue semeando o bem no caminho de seus semelhantes; na hora certa, Deus semeará o que almejas em seu caminho".

Ditas essas doces e consoladoras palavras, o Luminoso Espírito desapareceu, deixando ao seu protegido uma doce sensação, misto de alegria e paz.

◇

Realmente, em todos os caminhos do mundo as criaturas recebem de acordo com o que realizam em cada momento. Após a semeadura virá a colheita!

◇

Numa tarde, Benjamim retornava ao orfanato e sem que esperasse foi surpreendido por um forte temporal. Chegou à portaria do Lar Esperança todo molhado e com frio.

Ao vê-lo todo encharcado, Madame Constantin entregou-lhe uma toalha para que enxugasse as mãos, o rosto e os cabelos que pingavam como torneira com vazamento e recomendou-lhe que tomasse um banho, enquanto ela iria até a cozinha preparar algo quente para ele beber.

O moço encarangado, como um pintainho sem o amparo das asas protetoras da mãe, foi até o escritório, retirou o que tinha em seu bolso, inclusive a carteira toda molhada e espalhou alguns documentos em cima da mesa para que enxugasse e dirigiu-se ao banheiro.

Enquanto Ben refazia-se do frio debaixo do jato d'água aquecida do chuveiro, a benfeitora do Lar Esperança chegou ao escritório trazendo-lhe um copo de leite quente. Ao ver espalhados sobre a mesa os pertences de seu empregado aproximou-se e, mesmo sem tocá-los, pôde ver algo que a deixou estarrecida. Num papel já antigo e amarelecido pelo tempo, pode ver escritas as três letras de suas iniciais: CCS.

Diante do imprevisto, madame rodopiou como quem perdesse o contato com o solo e foi levada à inconsciência. Apenas deu um grito e desmaiou.

Uma das faxineiras que enxugava os rastros deixados por Bem, ao entrar, correu até o escritório e vendo-a estendida no chão, gritou por socorro.

Imediatamente apareceram, atendendo ao chamado, duas pajens que levantaram a patroa, colocando-a no sofá e se apressaram em chamar Benjamim.

- Onde deve estar Benjamim? – perguntou Marisa – uma das pajens.

- Benjamim deve estar tomando banho, pois chegou todo encharcado – respondeu a faxineira. Deixem que vou verificar se terminou o seu banho.

Nesse ínterim, Ben, que já tinha tomado banho e, recomposto as suas vestes, vinha saindo do banheiro e foi abordado por Eunice:

- Benjamim, corre, a madame não está passando bem. Eu a encontrei desmaiada no escritório.

O jovem correu até o escritório e vendo Madame Constantin imóvel, estendida a sua frente no sofá, sentiu uma fortíssima emoção a lhe invadir o peito. O seu mais ardente desejo naquele momento era abraçá-la, beijar seu rosto e chamá-la de mamãe.

Imediatamente, passou a verificar-lhe o pulso, depois, seus batimentos cardíacos, pedindo que trouxessem um copo d'água e rogou em seguida que fechassem os olhos e pensassem em Deus.

Benjamim, confiante no Pai Excelso, rogou com todas as forças de seu coração a intervenção Divina em favor daquela criatura. Fez uma belíssima oração, mantendo sua mão direita próxima ao frontal de sua benfeitora e dentro de alguns segundos, chamou-a suavemente pelo nome.

Madame Constantin abriu os olhos e ficou espantada sem saber o que tinha acontecido. O moço para não assustá-la, disse ter sido uma pequena vertigem. Porém, ao olhar os documentos do jovem espalhados em cima da mesa, madame emocionada pôs-se a chorar, solicitando que a deixassem a sós.

◇

Ficando ali sozinha, aquela adorável criatura deu asas aos seus pensamentos: "Como a carta escrita por mim e deixada junto com o bebê que abandonei está com Benjamim? Que mistério está por trás disso tudo? Para que ele tenha a posse daquela carta, ele só pode ser o meu filhinho querido; mas nesse caso, se ele já me identificou por que não me procurou como sua mãe?"

Depois de fazer e desfazer suposições diversas, resolveu encontrar Benjamim e falar francamente. Procurou pelos corredores do orfanato e o encontrou conversando com Elias e Adilson, dois dos órfãos mais velhinhos do Lar Esperança.

Benjamim, vendo-a parada sem tomar nenhuma iniciativa, pediu licença aos dois mocinhos, dizendo que voltaria a falar com eles mais tarde, e olhando para a patroa, perguntou:

- A senhora quer falar comigo, madame?

- Sim, Benjamim. Precisamos ter uma conversa de mãe para filho.

O jovem um tanto assustado, pensou: "o que será que está acontecendo?" Aproximou-se atencioso e falou:

- Pois não, Madame. Estou a sua disposição. Espero não tê-la desagradado em nada.

- Fique tranqüilo, Ben, vamos até ao escritório, pois temos muito que conversar.

Estando no escritório e com a porta trancada, Madame Constantin, começou:

- Ben, por favor, me conte onde você nasceu e quem o criou. Dessa nossa conversa vai depender a realização do meu maior sonho, ou toda a minha desdita.

Benjamim, com os olhos orvalhados de lágrimas, explicou:

- Eu nasci na Aldeia de Consolação e quem me criou foram os frades de um convento.

Madame Constantin pôs-se a chorar desconsoladamente. Sentia, naquele momento, o peso de toda a amargura represada no íntimo do seu ser por todos aqueles anos. Indecisa, sem saber como se portar diante do filho que abandonou, apenas sabia chorar.

Benjamim, intuindo o que ia acontecer, adiantou-se na tentativa de inibir as ações de sua adorada mãezinha, como pedido de perdão e também de conter suas contínuas lágrimas. Levantando-se, abriu os braços e disse simplesmente:

- Mamãe, querida mamãe, pra que chorar se já estamos juntos?

E, o mais longo abraço, a maior manifestação de carinho que um simples mortal pôde registrar na face da Terra, estavam muito aquém do que ocorreu entre mãe e filho nas dependências do Lar Esperança!

capítulo 17

•

A visita de Zózimo

"Aquele que não ama não conhece a Deus; porque Deus é amor". – I João 4:8.

Depois do afetuoso abraço do filho amado, tal qual uma garotinha ao ganhar uma boneca, Caroline Constantin Saboya não sabia se sorria ou se chorava de emoção, enquanto Benjamim a olhava como se estivesse diante de uma Iluminada Deusa.

Sem que o rapaz esperasse por aquela atitude, Caroline tomou-lhe a mão, levou-o até ao grande salão e mandou que Marisa chamasse a todos, inclusive as crianças, pois ela tinha algo muito importante para falar.

Quando parecia que todos estavam presentes, notando a falta de Gervásio, o porteiro, ela pediu que fossem chamá-lo. Dentro de poucos segundos, com a chegada do porteiro, Caroline falou:

- Vocês conhecem o Benjamim e tenho certeza que todos o querem muito bem. Quando ele apareceu para preencher a vaga de Educador fiquei encantada, ou melhor, magnetizada por seu carisma. É que havia um elo sagrado do mais puro e profundo amor que me unia a ele. Magda deve estar lembrada que alguns meses atrás estive fora por alguns dias. Estive no Convento de Consolação onde deixei, há 22 anos, um bebezinho abandonado às suas portas. O bebê que lá deixei hoje está aqui conosco! É Benjamim, o meu filho querido.

Entre muitas palmas e vivas, principalmente das crianças, Benjamim e Caroline receberam abraços e o carinho de todos.

◇

Aquela doce manifestação de amor representava a vitória de dois nobres espíritos, que, mesmo enfrentando as adversidades, souberam vencer, trabalhando desinteressadamente em favor dos semelhantes para se reencontrarem finalmente, e serem felizes.

◇

Alguns dias depois, Caroline pediu ao advogado que lhe prestava serviços, que regularizasse no Cartório a documentação, reconhecendo Benjamim como seu filho e legítimo herdeiro. E assim, Ben passou a chamar-se: Benjamim de Jesus Santana Hernandes.

A vida entre mãe e filho transcorria como num conto de fadas. Ela, que não combinava tanto com Pablo, devido ao seu egocentrismo, agora vivia feliz ao lado de Ben e tudo fazia para agradá-lo. Nem mesmo a lembrança dos maus-tratos sofridos pela exigência que Pablo lhe fez, obrigando-a a retornar ao seu convívio, ofuscava a sua alegria.

No entanto, Benjamim estranhou um pouco tanta regalia. Ele que sempre levou a vida na maior simplicidade, que se alimentava frugalmente, estranhou a mesa farta e o conforto de sua nova moradia. Agora, frente a uma mesa repleta de todo tipo de iguarias, lembrava-se dos que não tinham o que pôr à mesa, e, muitas vezes, com os olhos inundados pelas lágrimas, pedia licença e retirava-se para o seu quarto.

Numa manhã de domingo, pouco antes da reunião evangélica, Ben ficou sabendo da existência de pessoas que moravam distantes, mas que não perdiam uma reunião sequer. Nesse momento, lembrou-se de um pedido feito por Lutero para que ele não se esquecesse da "multiplicação dos pães, efetuada por Jesus". Repentinamente, chamou sua mãe de lado e segredou-lhe ao ouvido:

- Mamãe, eu estou pensando nessas pessoas que vem de longe. São pobres e a maioria vem a pé. Como fazem para se alimentar? Que tal se nós déssemos sopa a eles?

- Bem pensado, meu filho. Isso não é tão difícil. Creio que dentre os companheiros que estão conosco desde o começo, encontraremos colaboradores para fazer e distribuir a sopa.

- Quem sabe, mamãe, o pedido feito a mim por Lutero, de distribuir também o pão que sustenta o corpo, se torne uma realidade.

Quando as criaturas de boa vontade se dispõem a ajudar, surgem de todos os lados a cooperação. A sopa distribuída aos domingos após as reuniões, dentro de algumas semanas passou a ser servida também à tarde, e em todos os dias.

◇

A situação financeira de Madame Constantin e, por conseguinte, de Benjamim, era uma das melhores de Ponte Pênsil. Além da bela casa de residência, tinham na cidade diversas outras das quais recebiam mensalmente os aluguéis. Recebiam também os lucros provenientes de duas chácaras e de uma pequena fazenda localizada nas redondezas de Santo Amábile.

Ao levar o filho para a bela mansão, Caroline fez questão de deixá-lo à vontade e pediu que ele sugerisse como e onde empregar os lucros que o patrimônio gerava. Assim, enquanto conversavam sobre o assunto numa belíssima tarde de sábado, Benjamim, ciente do que lhe competia realizar no mundo, expôs à mãe o sonho que vinha acalentando há alguns meses.

- Mamãe, a senhora pediu-me que eu desse sugestões sobre os lucros do patrimônio da senhora...

- Perdão, filho... do nosso patrimônio. Tudo o que eu tenho também é seu.

- Desculpe-me, mamãe. É que ainda eu não me acostumei com a idéia. Custa-me acreditar que hoje, no conceito do mundo, também sou rico, ou melhor dizendo: que sou um afortunado, pois tenho a melhor mãe do mundo!

- Mas, fale, filhinho, o que você ia me dizer?

- Ah! sim... Gostaria de sugerir a implantação de uma escola profissionalizante dentro do Lar Esperança. Os nossos mocinhos em breve tornar-se-ão adultos, e não é certo deixá-los sair do orfanato para constituir suas famílias sem ter uma profissão.

- Meu querido, que visão você tem das coisas. Você sabe que eu nunca tinha me atinado com esse problema? Realmente... Deixar, por exemplo, o Elias, ou o Adilson sair do Lar Esperança sem ter aprendido uma profissão, seria o mesmo que empurrá-los para o eito com uma enxada nas mãos.

- Posso então levar avante esse projeto, mamãe?

- Sim, meu filho. Com todo o meu apoio.

◇

Qualquer valor amoedado que não esteja em movimento é uma fonte de energia estanque. Seu possuidor será responsável por qualquer grito de dor sem remédio, ou qualquer corpo que tombe de inanição.

◇

Dentro de alguns meses, mais um novo prédio fazia parte do Lar Esperança. Alguns empregos foram criados na sua construção e depois de pronto, mais alguns, para a manutenção de um corpo de professores que se esmeravam, ensinando os internos do orfanato.

A Madame Constantin de antigamente, transformara-se numa mulher jovial e feliz. Por sua solicitação, deixaram de lado o título de madame e chamavam-na, simplesmente, de Caroline.

Num sábado pela manhã, o Lar Esperança recebeu uma visita que deixou Benjamim deveras emocionado. Ele mal estava acreditando quando viu entrar com os braços abertos, vindo em sua direção, o irmão Zózimo.

Um longo abraço, um ósculo fraterno no rosto suarento do frade, marcou aquele reencontro. Abraçados como pai e filho, adentraram as dependências do orfanato em direção ao escritório, onde Caroline atendia o Professor Olímpio.

Aguardaram alguns minutos e quando Olímpio saiu, Ben ajudou Zózimo levantar-se e se dirigiram ao escritório onde houve as devidas apresentações:

- Mamãe, olha quem está nos visitando. O irmão Zózimo do Convento de Consolação. Zózimo, esta é a minha querida mãezinha Caroline Constantin Saboya.

- Muito prazer, Frei Zózimo. Ben não se cansa de falar do trabalho que lhe deu quando era pequeno. E muito obrigada por ter criado tão bem o meu querido filho.

- Foi um prazer, madame, criar com a ajuda dos irmãos uma criaturinha tão meiga. E é para mim um imenso prazer conhecê-la, senhora Caroline.

◇

Frei Zózimo ficou encantado com a organização do Lar Esperança e com a alegria e a felicidade estampadas no rostinho de cada criança.

Dizia ele:

- Ao ver esses pequeninos eu me lembro de você Ben. Dos seus olhinhos brilhantes, quando caminhávamos por entre as árvores e você mostrava-me as pequenas avezinhas saltitando de um galho para o outro.

- Irmão Zózimo, eu já nem me lembrava mais disso. Lembro-me, isso sim, e tenho tanta saudade das nossas caminhadas, quando o senhor me dizia: **"A natureza é a mãe de todas as criaturas. Se a gente não contrariá-la e souber pedir, ela nos dará tudo".**

- Nossa! Eu te disse isso algum dia? Já não me lembrava mais.

- Disse. E talvez, devido a eu lhe ter perguntado sobre minha mãe. Hoje, irmão, graças a Deus, eu encontrei minha mãezinha. E em relação à humanidade, tenho que concordar que a natureza é tudo aquilo que o senhor disse e muito mais.

- Sim... É uma pena que os homens a devastem ao seu bel prazer e não agradeçam ao Senhor da Vida por tamanha bênção!

capítulo 18

Novos frutos

"Não atentando nós nas coisas que se vêem, mas nas que se não vêem; porque as que se vêem são temporais, e as que se não vêem são eternas". – Paulo (II Coríntios 4:18)

Naquela noite de sábado, na casa de Benjamim e Caroline, Zózimo pôde inteirar-se dos caminhos percorridos por Benjamim e constatar que o jovem que ele considerava como um filho, realmente tinha se tornado um homem de bem. Bastava uma pequena conversa com ele e dava para se fazer uma precisa avaliação do seu conhecimento e dos sentimentos que lhe iam n'alma.

Analisando os traços fisionômicos de Ben e o seu porte atlético, Zózimo perguntou:

- E o coração, Benjamim, ainda está sem dona?

- Ainda está, irmão Zózimo. Antes de vir a Ponte Pênsil, deixei alguém com seu lindo rosto marcado por grossas lágrimas. Tive que ser forte, controlar o coração, dizendo a ela que tinha uma missão a desempenhar e não me era lícito pensar em casamento.

Caroline que acompanhava atentamente o que os dois conversavam, pediu licença e comentou:

- Nossa, Ben, eu não sabia que existia em Águas Claras, uma linda musa que mexeu tanto com o seu coração!

- Pois é, mamãe. Lara é uma linda moça. É ela quem faz as palestras aos irmãos necessitados daquele vilarejo. Algum dia, depois de organizarmos tudo por aqui, pretendo visitar a comunidade aguaclarense, e saber como vai a divulgação do Evangelho de Jesus por aqueles lados.

- Será que não é para ver a bela evangelizadora, Ben? – Zózimo perguntou.

E todos começaram a rir da perspicaz pergunta de Zózimo.

◇

Frei Zózimo permaneceu por cinco dias em Ponte Pênsil em companhia de Benjamim e Caroline, usufruindo daquele doce convívio. E como deveria estar no convento no sábado, decidiu partir no dia seguinte.

Na quarta-feira, noite anterior à sua volta, Zózimo, reconhecendo a importância de um orfanato numa comunidade, assim se expressou:

- Na atualidade, tempo de transição e de dificuldades, quando há uma grande falta de recursos, e, principalmente, de amor dentro de todos corações, um orfanato é uma louvável e providencial ajuda aos pequeninos que ficam sem lar. Órfãos, na conceituação cristã, não são somente os pequeninos, cuja morte arrebatou os seus pais... Mas, também, os que por um motivo ou outro, ficaram sem o abrigo do lar e os meios de se subsistirem. Ah! Se me fosse possível, se eu tivesse condições de construir, mesmo que pequeno, um orfanato em Consolação! Tenho certeza que ao me despedir do mundo, ao findar essa existência, partiria tranqüilo, pois nada me faz mais feliz do que ver um sorriso de criança!

Caroline, enquanto Zózimo de maneira disfarçada tentava enxugar uma lágrima dos olhos, falou:

- E por que não realizar esse sonho, frei?

- Ah, Senhora Caroline! As religiões do mundo ainda estão distantes do verdadeiro amor do Cristo. Ao solicitarmos qualquer recurso para fazer um conserto no convento, **venta e chove**, como se diz vulgarmente... Quando a remessa de dinheiro chega, a parte a ser consertada já desmoronou.

- Não se preocupe, irmão Zózimo. Procure um bom terreno em Consolação e mande me avisar. Eu e meu filho construiremos um orfanato na Aldeia de Consolação. Tenho uma dívida de gratidão com os senhores!

Frei Zózimo retornou muito animado e feliz para o convento de Consolação. Embora cansado, mostrava um brilho diferente em seus olhos esverdeados e estampava no semblante uma contagiante alegria.

Depois de engolir sofregamente duas canecas d'água e refrescar-se um pouco, contou aos irmãos tudo o que pôde ver, tudo o que conversou com Benjamim e Caroline, inclusive, tocou de leve no assunto da construção de um orfanato em Consolação, mas os frades não entenderam.

Os frades, curiosos, querendo saber como era a mãezinha de Benjamim e diante da novidade trazida, não sabiam o que perguntar. Foi Zózimo que, percebendo a ansiedade de cada um, falou:

- Calma, irmãos, devagarinho eu lhes contarei tudo. O nosso menino está ótimo. Um perfeito cavalheiro e um homem de bem. Conseguiu realizar o seu grande sonho: encontrou sua mãezinha. Caroline é uma doce criatura. Trata todos os órfãos como se fossem seus próprios filhos e, em relação a Benjamim, nem é preciso falar. Ela tem um carinho todo especial por ele. Não sabe o que faz para agradá-lo.

- Ben já se casou, Zózimo? – perguntou Carmelo.

- Não, ainda não. Porém, as referências que ele fez sobre uma linda moça de Águas Claras, eu creio que não demorará muito tempo, o filho de nossos corações nos dará alguns netinhos. Porém, antes dos netinhos, tenho certeza que teremos novos filhos para encher nossos corações de alegrias.

- Como assim, Zózimo? Como pode ser isso? – perguntou Nicolau.

- É que Madame Caroline quer construir um orfanato aqui em Consolação. Ela disse que tem uma dívida de gratidão conosco. Assim, pediu para arranjarmos um terreno onde se possa construir um orfanato que atenda aos órfãos de nossa região. Assim que tivermos encontrado o local propício, Benjamim virá para cá, a fim de comprá-lo e construir o novo lar para muitos pequeninos.

◇

Nos dias seguintes, enquanto os frades multiplicavam seus esforços na procura de um terreno onde se pudesse construir o novo orfanato, em Ponte Pênsil, Benjamim, além de dar todo o apoio a Caroline no orfanato, continuava se dedicando às palestras nas manhãs de domingo.

É sabido que a incidência de um raio de luz dentro de qualquer local escuro, faz com que aquele ambiente se aclare, e a luz ali se estabeleça. Era o que estava acontecendo nas palestras dominicais. As palavras claras e cheias de amor do Educador do orfanato envolviam, não apenas os pequenos educandos, mas também a todos os corações sofridos. Só que isso desgostava, e muito, a muita gente...

Existiam ainda na cidade pessoas fazendo de tudo para desestimular a freqüência nas reuniões; porém, os frutos colhidos de tão nobres esforços significavam sempre vitórias, e assim, a sala de reuniões estava sempre cheia.

Após o triste incidente, quando inimigos da verdade depredaram o salão de reuniões da cidade e as mesmas começaram a ser feitas nas dependências do Lar Esperança, o Padre Nestor afastou-se do orfanato. Não houve por parte de Caroline, Ben ou Silas, nenhuma acusação, porém, os "diz que me disse" dos fuxiqueiros da cidade provocaram um forte alarido e um clima tenso e desagradável se estabeleceu.

Um outro motivo, talvez o mais forte, contribuiu para o afastamento do pároco das dependências do Lar Esperança. Caroline, quando soube através de Polidora que o padre, em troca da metade de sua fortuna aceitaria tomar conta do orfanato, cortou as suas oferendas como fazia costumeiramente.

Quando então Nestor soube que a viúva rica iria construir um outro orfanato numa outra localidade, mostrou-se aborrecido e comentou em uma de suas missas: "É uma pena que os recursos que poderiam ficar em nossa cidade, sejam desviados para beneficiar estranhos em outra localidade."

◇

Enquanto as criaturas humanas pretenderam demarcar o Infinito Amor de Deus, a miséria, em todas as acepções conhecidas, permanecerá em seus caminhos!

capítulo 19

•

Um novo orfanato

"Tornai-vos, pois, praticantes da palavra e não somente ouvintes, enganando-vos a vós mesmos". – Tiago, 1:22

Nicolau e Zózimo encarregados da procura de um local apropriado para a construção do orfanato, andaram, indagaram, e finalmente conseguiram encontrar um, com alguns alqueires, num local plano à beira da estrada entre o convento e Consolação.

Enviando uma carta explicativa através de um portador, os frades do convento de Consolação aguardavam ansiosos pela chegada de Benjamim, o que aconteceu em poucos dias.

Examinando o local juntamente com Zózimo, Nicolau e Carmelo, Ben, sorrindo feliz, comentou:

- Graças a Deus, mais uma semente será lançada. Mais um jardim a florescer, com as bênçãos do Pai Supremo.

- Ben, o novo orfanato terá os mesmos moldes do que Caroline construiu em Ponte Pênsil? – perguntou Zózimo.

- Sim, pois o Lar Esperança funciona tão bem. Creio desnecessário querer inovar.

- E quanto ao nome, Benjamim, será também Lar Esperança?

- Não, irmão Carmelo. Estive conversando com mamãe e ela concordou. Quero fazer uma homenagem a alguém a quem muito amamos e de quem temos saudades. O novo orfanato chamar-se-á Lar de Francisco.

Ao ouvirem a referência feita por Benjamim, os frades, ao mesmo tempo, abraçaram o filho de Caroline, agradecendo-o pela feliz lembrança.

No entanto, Carmelo, lembrando o triste dia da expulsão quando Ben teve que partir sem nenhum destino, perguntou:

- Benjamim, mas você foi expulso injustamente do convento pelo irmão Francisco. Você não guarda nem um tiquinho de mágoa?

- Não, irmão Carmelo. Não guardo nenhum tipo de mágoa. E, quanto à expulsão, quem somos nós para julgar? Se eu não tivesse sido expulso, estaria só, em companhia dos irmãos dentro dos muros e paredes de um convento. Com a minha expulsão consegui encontrar mamãe, conquistei o amor de muita gente e, principalmente, o amor e o carinho de tantas crianças.

- E conseguirá muito mais. Brevemente você terá os carinhos das crianças do Lar de Francisco – complementou Zózimo.

◇

O filho de Caroline contratou um experiente mestre de obras e solicitou que o mesmo contratasse pedreiros, serventes e os demais profissionais que se fizessem necessários e, depois de entregar uma boa quantia em dinheiro a irmão Carmelo para pagamento dos serviços da construção, preparou-se para retornar a Ponte Pênsil.

Seu amoroso coração, que a maior parte da vida bateu solitário, agora necessitava do coração materno para que pudesse continuar pulsando em harmonia, pois a saudade de Caroline aumentava com o passar dos dias.

Ao solicitar os serviços de um charreteiro para que o levasse de volta ao Lar Esperança, notou que era o mesmo que foi buscá-lo, quando do falecimento de irmão Francisco.

Antes de partirem, o charreteiro perguntou:

- Vamos para o sítio em Águas Claras, senhor?

- Não meu amigo, o meu destino agora é outro. Um pouco mais do dobro da distância. Espero que não haja nenhum inconveniente para o senhor!

- Inconveniente nenhum. Só me aguarde um pouquinho, vou pedir ao Jamil para avisar minha esposa que vou demorar mais uns dois dias.

Após instruir Jamil para passar o recado a esposa, Sinval retornou para junto de Benjamim e partiram.

O charreteiro era um homem de meia idade e bom de conversa. Enquanto a charrete ganhava distância, Sinval perguntou:

- Então o patrão não está mais morando naquele sítio em Águas Claras?

- Não, Sinval. Estou morando agora em Ponte Pênsil, uma cidadezinha bem distante daqui. Mas, pensando bem, não seria nada mal se déssemos uma passadinha em Águas Claras. Estou com saudades dos amigos que lá deixei.

- Como o senhor quiser, patrão. Até é bom, pois assim os cavalos descansarão um pouco.

◇

Naquela tarde calorenta, Leonor recolhia as roupas secas do varal e viu quando alguém se aproximava da porteira de entrada do sítio. Não se conteve ao ver Benjamim abrindo a porteira para que Sinval entrasse com a charrete e gritou:

- Benjamim! Que saudade, meu filho. Como me sinto feliz em vê-lo de novo.

Ben, abrindo os braços, esperou que dona Leonor chegasse mais perto e a abraçou, dizendo:

- Oh, dona Leonor, que bom estar aqui e poder abraçá-la! Onde estão o "seo" Argemiro e o Arlindo?

- O Arlindo está no pomar, e o Mi... Miro... e começou a chorar.

- Calma, calma, dona Leonor. Fique calma e fale devagar.

Leonor, desesperada, chorou por mais alguns segundos. Depois enxugou as lágrimas com a ponta do avental e com palavras entrecortadas pelos soluços, disse:

- Meu marido morreu o mês passado.

Benjamim, afagando os seus cabelos grisalhos, falou:

- Oh, minha irmã querida, eu sinto muito. Sei o quanto é triste nos separarmos das pessoas amadas. Eu sei o quanto a senhora está sofrendo. No entanto, uma nova vida espera àqueles que partem com a consciência tranqüila. O nosso querido Argemiro cumpriu de maneira brilhante a sua tarefa aqui no mundo, nada mais justo, depois da tarefa concluída, o descanso.

- Eu sei, Benjamim, que tudo o que Deus faz é certo. Mas é tão triste a gente se separar de quem viveu ao lado da gente a vida inteira.

- A senhora tem orado a Deus por ele, não tem?

- Sim. Em todos os pensamentos que dirijo a Deus, rogo ao Pai Celeste que abençoe o meu querido companheiro.

- Isso mesmo, dona Leonor. A oração é o alimento da alma e nas horas de dor, é o remédio mais eficaz para as almas cansadas e doridas.

E querendo mudar o rumo da conversa, depois de pegar uma vasilha para que Sinval desse água aos animais, Ben convidou Leonor para ir ao encontro de Arlindo.

O filho de Leonor, ao ver Benjamim se aproximando, largou a enxada e saiu correndo ao seu encontro. Um aperto de mão, depois um forte abraço, marcou o reencontro daquelas almas irmãs.

◇

Benjamim, após contar a Leonor e seu filho o doce encontro que teve com sua mãe, de falar da existência do Lar Esperança e a construção do Lar de Francisco, perguntou por Lara e pelas reuniões evangélicas.

Arlindo, adiantando-se, disse que a moça estava saindo-se muito bem na tarefa que ele lhe deixara. Que o salão estava sempre repleto e que sempre aparecia gente nova à procura de esclarecimentos e bênçãos através das orações.

Aquelas informações traziam ao coração de Ben uma sensação de alívio por saber que Lara era uma batalhadora e que estava levando avante a difusão do Evangelho do Cristo. Ao mesmo tempo, enquanto pensava no vulto atraente da jovem, o seu coração em precipitações contínuas, acelerava-se, dando a impressão de estar apostando uma corrida com a saudade.

No velho relógio de parede os ponteiros marcavam poucos minutos além das 18 horas, e o dia, dantes clarinho, agora já se amorenava com a noite que chegava envolvendo tudo com o seu negror.

Era intenção de Benjamim chegar até o arraial, pois seu coração assim o exigia, porém, lembrando-se que em certos trechos da estrada, qualquer hábil condutor precisaria fazer peripécias para passar, ficou com medo de enfrentar a estrada àquelas horas e pernoitou no Sítio Alvorada.

Pela manhã, depois de um café com leite, acompanhado com broa de milho, Ben despediu-se dos amigos e partiu. Não via a hora de estar em Águas Claras e conversar, admirando o lindo rosto de Lara.

Ao aproximar-se do arraial, o filho de Caroline viu de longe quando Lara atendia um casal em frente a sua casa. Eram pessoas atormentadas que procuravam a moça a fim de readquirir o equilíbrio.

Lara tornara-se alguém indispensável pr'aquela gente. Uma fonte amiga, sempre pronta a dessedentar.

A charrete conduzida por Sinval foi se aproximando e quando Lara reconheceu Benjamim, gritou:

- Ben, que bom que você veio me visitar. Eu já não agüentava mais de saudades!

Benjamim, que pouco ficou sabendo sobre Lara ao perguntar a Leonor e Arlindo, não sabia como proceder diante da moça. Ignorava se ela estava namorando ou se já estava casada. Ficou com medo de abraçá-la, comprometendo-a. No entanto, o seu coração sensível reclamou de sua polidez!

Abraçou-a, como se abraça a uma irmã e respeitosamente, osculou-lhe a testa. Em seguida, com a voz sussurrada, falou realmente o que lhe ia n'alma e o que ela queria ouvir:

- Eu também estou com saudades de você, Lara. Parece-me que faz uma eternidade que não a vejo.

E, a suave armadilha do amor, que já existia sem que os dois soubessem, agora, começava a estreitar os seus laços!

capítulo 20

•

O amor sempre vence

"Meus irmãos, que aproveita se alguém disser que tem fé, e não tiver as obras? Porventura, a fé pode salvá-lo?" – Tiago 2:14.

Depois do doce enlevo entre os jovens, Edivânia, surgindo na porta, viu Benjamim conversando com Lara e chamou:

- Ei, moço, eu também não mereço um abraço? E saiu ao encontro dos dois.

Ben, vendo a mãe de Lara se aproximar foi ao seu encontro e a abraçou fraternalmente.

- Vamos, Benjamim, vamos entrar. Enquanto você e Lara conversam, eu vou preparar um cafezinho. Chame também o charreteiro. Um café quentinho não faz mal a ninguém.

Lara não sabia como e, nem poderia, disfarçar a felicidade daquele momento. Durante a ausência de Ben, ela que nutria aquele doce sentimento pelo rapaz, vivia sempre sonhando com ele. Tanto à noite, como nos momentos de solidão, ela se entregava de bom grado a esses devaneios.

Agora, vendo-o à sua frente, não sabia o que fazer. Se devia perguntar a seu respeito algo assim: "se ele estava sozinho, se tinha mudado de opinião quanto a sua idéia celibatária", ou se deveria ficar fitando os seus olhos castanhos, esperando que ele lhe desse a auspiciosa notícia.

Foi Ben quem saiu daquele estado de êxtase e deu rumo à conversação, contando que tinha encontrado sua mãezinha e que ela era uma criatura maravilhosa. Contou também os problemas de perseguição que sofreu em Ponte Pênsil, e depois, colocou-a a par da construção do Lar de Francisco em Consolação.

Lara não conseguindo entender o porquê de tanta animosidade por parte dos que se intitulam religiosos e querendo entender melhor o assunto, perguntou:

- Ben, você acredita que haverá um dia, uma só religião no mundo?

- Sim, mas vai demorar muito. Essa religião, não será uma religião criada segundo os moldes das que conhecemos. Qualquer coisa nesse sentido, fatalmente seria mais uma a dividir opiniões. Acredito, isto sim, que quando as criaturas adotarem o amor do Cristo como regra de conduta, "na mente e na vivência", aí então, o **Amor Crístico**, isto é, o amor ensinado por Jesus, implantará na Terra a verdadeira religião. Essa religião predominará pela qualidade e não pela quantidade das pessoas.

- Ben, quando será que a humanidade vai abrir o celeiro de seus corações para armazenar essa Divina Semente?

- É minha irmã... Quem atropela os mais frágeis na longa caminhada terrestre, sem se dar conta de que somos todos irmãos, um dia terá que retornar por esses mesmos caminhos em condições adversas. Porém, aquele que ama, mesmo que viva ausente dos templos religiosos, estará vivendo a verdadeira religião.

◇

Edivânia, mesmo atarefada nos seus afazeres domésticos, acompanhava atenta a conversação de Ben e Lara. Enquanto os observava, admirada pelos conceitos expendidos pelo moço, pensava: "Benjamim só pode ser um enviado de Deus à Terra, para ter tantos conhecimentos assim."

Enquanto aquela mãe amorosa assim pensava, alguém bateu palmas e gritou em seguida. Era um rapazote de seus quinze anos que veio trazer um recado:

- Lara... Dona Edivânia...

- Oi, Pedrinho, o que está acontecendo, meu filho – perguntou Edivânia.

- Eu vim avisar que o "seo" Atílio Munhoz faleceu agorinha mesmo e dona Nina está num desespero só.

- Está bem, Pedrinho – disse Lara – eu já vou pra lá. Coitada de dona Nina! Sofreu tanto com a ausência da filha e dos netos e agora...

- Quem é Atílio Munhoz – perguntou Ben. Eu o conheço?

- Ele vinha poucas vezes nas reuniões de domingo e talvez você não se lembre dele. Ele é sogro de Silas Mariano. Ei, o Silas mudou com a família para Ponte Pênsil. Quem sabe você o ficou conhecendo lá.

- Sim, ele é o meu braço forte nas nossas reuniões de domingo. Nesse caso, eu tenho que me apressar. É preciso avisá-lo do falecimento do sogro.

- Então vamos, Benjamim. Eu e Pedrinho vamos com vocês até uma parte do caminho, pois o falecido mora pra aqueles lados.

Benjamim despediu-se de Edivânia e depois de estarem a caminho, disse a Lara o que iria fazer:

- Quando eu chegar em Ponte Pênsil, avisarei o Silas sobre o falecimento do sogro e pagarei um pouco mais ao Sinval e ele os trará a Águas Claras.

- É uma ótima idéia, Benjamim. Se você não estivesse aqui em Águas Claras nesta manhã, tudo seria mais difícil.

◇

Benjamim, já em Ponte Pênsil, deu o triste recado ao amigo Silas e pediu que se aprontassem, pois que Sinval os esperaria para levá-los até Águas Claras. Enquanto isso, pediu ao charreteiro para levá-lo até ao Lar Esperança, onde Caroline o recebeu de braços abertos e com os olhos rasos d'água.

Era de deixar qualquer cristão emocionado a recepção que os internos do orfanato fizeram a Benjamim. Orientados por Marisa, uma das pajens, os meninos do Lar Esperança entoaram a música, cuja letra foi mencionada, capítulos atrás:

Sabe Deus o que seria / um dia, sem a luz do sol amigo...

Benjamim, surpreendido pela apresentação do coral improvisado, pôs-se a chorar, enquanto agradecia a Marisa e afagava aqueles risonhos rostinhos.

Depois da comoção que o seu retorno provocou, Ben cientificou Caroline de tudo o que se passou em sua viagem, inclusive o falecimento do sogro de Silas Mariano. No entanto, Caroline, que conhecia tão bem o filho, apesar do pouco tempo que estava em companhia dele, notou que algo de bom tinha lhe acontecido, pois dava para se notar uma pontinha de felicidade a se destacar em seus olhos.

Com aquele jeitinho que todas as mães têm em sondar os mistérios dos filhos, Caroline perguntou:

- É só isso que você tem a me dizer, filho, ou está faltando algo?

- Do que a senhora está falando mamãe?

- Desse brilho de felicidade em seus olhos. Você passou em Águas Claras e viu um "certo Anjo", não é verdade, meu filho?

- Sim, mamãe. Lara está mais linda do que nunca!

capítulo 21

•

Uma união feliz!

"Eis porque deixará o homem a seu pai e sua mãe, e se unirá à sua mulher, e se tornarão os dois, uma só carne".
– Paulo (Efésios 5:31)

Algumas semanas depois, Benjamim ajudou na mudança de Silas que estava retornando a Águas Claras, pois o sítio do finado Atílio estava praticamente abandonado e dona Nina estava muito adoentada, não podendo ficar mais sozinha.

Com os utensílios em duas carroças, Silas e família, mais Benjamim numa charrete alugada, dirigiam-se felizes estrada à fora. Leontina estava feliz por poder viver ao lado da mãe. Silas iria cuidar do sítio, herança recebida pela esposa, e Benjamim, felicíssimo por ir ao encontro da mulher amada.

Ao chegarem em Águas Claras e assim que os móveis de Silas foram descarregados e colocados nos seus devidos lugares, Ben aproveitou a oportunidade e fez uma oração fervorosa em favor da mãe de Leontina. A pobre velhinha com os olhos orvalhados de pranto e com a voz trêmula pela emoção do momento, falou:

- Benjamim, foi Deus do Céu que trouxe você com os meus queridos familiares. Tenho sentido tanta falta do Atílio que às vezes ao chorar, sinto formar-se um nó na garganta e que demora muito a desaparecer. Hoje mesmo, de manhã, aconteceu isso. Estava doendo tanto e com a sua oração, desapareceu.

- Dona Nina, eu sei o quanto é triste a separação daqueles que se amam. No entanto, temos que acreditar que aqueles que nos deixam, partem em busca de uma vida melhor. A emoção descontrolada assemelha-se a um pequeno furo numa represa. Se não consertado a tempo, o vazamento se tornará maior e acabará provocando enchentes de proporções imprevisíveis. Não desanime, dona Nina, a oração é e continuará sendo o melhor remédio para todos os males.

Depois do conforto dado à infeliz velhinha, Benjamim querendo preparar o amigo para o que estava torcendo para que acontecesse, chamou Silas para uma conversa em particular. Silas o acompanhou até a sombra de uma frondosa mangueira e ouviu com atenção:

- Amigo Silas, você me apoiou tanto nas reuniões em Ponte Pênsil, e substituiu-me com dedicação na minha viagem a Consolação. Eu nunca disse nada a ninguém, pois quem procura servir ao Senhor não pode dispor nem mesmo de sua própria vida. Até o momento, somente mamãe e Frei Zózimo sabem o segredo do meu coração. Estou pretendendo levar Lara comigo para uma visita ao Lar Esperança e, depois, se tudo der certo, gostaria de me casar com ela.

- Meu Deus, como tudo isso é maravilhoso! Ben, eu estou tão feliz por vocês dois. Tudo o que eu puder fazer, farei com muito gosto.

- Obrigado, meu bom amigo. Eu gostaria que você substituísse Lara temporariamente, durante sua ausência, e depois, se nos casarmos, que você assumisse de vez os trabalhos das reuniões domingueiras junto aos irmãos de Águas Claras.

- Claro que sim, meu querido irmão. O que você está me pedindo é bem menos da metade do que você nos tem dado. Pode ficar tranqüilo que vou dar o melhor de mim.

◇

Após se despedir de Silas e família, Benjamim dirigiu-se até o arraial e depois de ser recebido com alegria por Lara e sua mãe, fez a Edivânia o seguinte pedido:

- Dona Edivânia, eu gostaria de convidar Lara para fazer uma visita ao Lar Esperança, mas para isso preciso ter a sua autorização. A senhora consente que ela vá comigo?

- Claro que sim, Benjamim. Só existe um problema: quem vai fazer a leitura e os comentários evangélicos no domingo?

- Quanto a isso a senhora pode ficar tranqüila que eu já providenciei tudo. O Silas Mariano está de volta a Águas Claras e substituirá Lara em sua ausência. Mas, espera aí... A senhora pode vir conosco também!

- Bem que eu gostaria, meu filho, mas estou tão atarefada com costuras atrasadas. Se eu parar por dois ou três dias, aí então, estarei perdida.

Meia hora depois, Benjamim e Lara estavam a caminho de Ponte Pênsil. Agora, distante da presença de Edivânia, Ben, vencendo a sua timidez, declarou-se, falando de seus sentimentos a Lara.

Enquanto os animais em seu trotar constante, vencia metro por metro a distância da estrada, a magia do amor embalava os sonhos do jovem casal.

◇

Pouco além das 21 horas, sob o esplêndido luar que iluminava as poucas ruas de Ponte Pênsil, numa delas, uma charrete trazia dois jovens que, de mãos entrelaçadas e corações pulsando uníssonos, faziam juras de um amor sem fim.

O charreteiro que conhecia a belíssima casa de Madame Constantin, puxou as rédeas dos exaustos animais em frente à bela residência para que Benjamim e Lara descessem. Seguiram-se momentos alegres e de demonstrações de ternura e carinho, pois Lara fora recebida como uma filha mui querida pela mãe de Benjamim.

Depois de um banho refrescante, enquanto lanchavam, Caroline, percebendo nos olhares dos jovens o doce enlevo de um genuíno amor, falou:

- Benza Deus, o amor de vocês! Não existe nada mais envolvente que um amor ardente e apaixonado! Vocês pretendem se casar logo?

Benjamim fitando os olhos da moça, respondeu:

- Se fosse possível, por mim, casaria hoje mesmo.

Lara, com um belíssimo sorriso nos lábios, esforçando-se ao máximo para conter a emoção, falou:

- Eu orei tanto a Deus para que esse momento chegasse. Parece que estou sonhando.

◇

Naquela noite, enquanto seus corpos descansavam dos vaivens da charrete, Ben e Lara, libertos do corpo físico, foram atraídos para um belíssimo jardim onde o conceito de beleza terreno ficaria a dever. Enquanto de mãos entrelaçadas passeavam pelas extensas vielas, eis que envolto em uma intensa luz, Lutero, com um largo sorriso e voz compassada, falou:

"Meus queridos filhinhos, esse momento de vocês, suave e revestido de luz, é um **presente de Deus**, compensando-os pelo esforço e pela dedicação à causa do bem".

"Hoje, depois que algumas reencarnações os distanciaram de um passado triste, de enganos e muita dor, estão conseguindo o reequilíbrio e o direito de se unirem para reconstruir o que se desmoronou. Os filhinhos que os dois relegaram ao abandono, no tempo certo, aparecerão em seus caminhos para que tenham seus passos direcionados ao Criador".

"Continuem firmes, doando ao mundo terreno o que de melhor puderem, pois esse mundo maravilhoso que agora presenciam e, cuja beleza os encanta, somente o amor puro pode conquistar".

◇

Alguns meses depois, num sábado ensolarado, o salão central do Lar Esperança estava caprichosamente enfeitado. A alegria estampada nos semblantes dos convidados, principalmente nos sorridentes rostinhos dos internos, tinha um motivo: Benjamim e Lara iam se casar.

No Lar Esperança, Caroline esmerava-se no atendimento. Não sabia o que fazer para agradar aos convidados. A alegria era geral. Enquanto isso, na bonita residência de Caroline e Benjamim, Ivete e Edivânia davam os últimos retoques no vestido da noiva.

Lara, em seu vestido branco confeccionado com carinho pelas mãos hábeis de Edivânia, estava radiante. Parecia um anjo, que, por não ter descido a Terra, nunca fora retratado pelos famosos pinceis da Velha Europa.

Dentre os convidados estavam os amigos de Consolação que vieram em companhia de Zózimo; de Águas

Claras, estavam Silas e família, Leonor e Arlindo, e muitos amigos que a bondade de Ben soube conquistar através dos tempos.

Às 10 horas chegou Lara acompanhada de Silas, seu padrinho. Os pequenos órfãos, orientados por Caroline, estavam enfileirados na portaria para acompanhá-la até Benjamim. O noivo todo feliz foi até ela, osculou-lhe a testa e depois se dirigiram até a mesa onde Zózimo, o Juiz de Paz e o escrivão os esperavam.

A um imperceptível sinal de Ben, Zózimo adiantou-se alguns passos, pediu licença, e falou:

- Hoje, quando os nossos queridos Ben e Lara se casam, os Anjos Celestes, alegres, entoam hosanas ao Querido Doador da Vida. Pois a união de duas almas que semeiam o bem nos caminhos alheios, tem o privilégio de receber em notas celestes uma Sinfonia de Amor e Paz. Nós, que muito os amamos, lhes desejamos do fundo de nossos corações, uma vida plena de alegrias e de doces venturas. Agora, para que casem os nossos pombinhos, passamos a palavra ao Meritíssimo Juiz.

O Sr. Norberto Fontes, que há 15 anos unia em nome da Lei os casais pontepensilenses e dos bairros vizinhos, usando da palavra, começou:

- Benjamim de Jesus Santana Hernandes, é de sua livre e espontânea vontade casar-se com Lara Alvarenga da Silva?

- Sim, Sr. Juiz.

- Lara Alvarenga da Silva, é de sua livre e espontânea vontade casar-se com Benjamim de Jesus Santana Hernandes?

- Sim, Meritíssimo.

- De acordo com o que acabais de confirmar perante mim, em nome da Lei, os declaro casados.

◇

Os noivos foram cumprimentados e abraçados pelos parentes, pelos amigos e pelas crianças do Lar Esperança e, logo depois do almoço, entre vivas e debaixo de pétalas de rosas, partiram para Santo Amábile, onde a enorme mansão já estava preparada para a tão sonhada lua de mel e para o início de um doce convívio de duas almas afins!

◇

Desde a primeira e pequena ajuda no Convento, até aquele momento no salão florido do Lar Esperança, ele simplesmente amou. Amou como o Cristo mandou amar. Sem exigências, sem ater-se a uma nomenclatura religiosa e a nenhum convencionalismo. A felicidade de Ben consistia em fazer os outros felizes.

E por isso ele estava muito feliz naquela manhã, unindo-se a Lara, a eleita de seu coração!

Em nossa capacidade de criar imagens e analisar racionalmente todos os acontecimentos, podemos formar em nossa tela mental cenas singulares de um casamento simples. Todavia, o acontecimento daquela bela manhã, escapava ao crivo da razão. Tinha características inapreciadas pelos sentidos comuns. O **amor, a poderosa força,** capaz de tudo transformar para melhor, inundava aqueles corações de afáveis harmonias não sentidas pelos simples mortais.

Assim como as flores, que mantêm suas raízes fincadas no solo barrento ou num terreno árido, mas que embelezam e aromatizam qualquer ambiente, embelezando e perfumando o ar, Benjamim jamais se preocupou consigo mesmo, com o seu bem-estar. Antes disso, preocupava-se em expandir o perfume do seu amor em favor de qualquer necessitado. Por isso, uma variedade enorme de sutis fragrâncias espirituais os envolvia naquele momento.

Lara, ao se expressar, deixava sua adocicada voz amainar as tormentas interiores de cada irmão. Aceitou, não se eximiu diante da tarefa de conduzir o rebanho nascente ao aprisco do Senhor, solicitado pelo noivo. Assim, recebia naquele momento, o seu amado como esposo, para juntos sentirem as inefáveis alegrias que somente dois corações repletos de amor podem conquistar.

Ao partirem felizes para Santo Amábile, um cortejo de seres Bem-Aventurados os acompanhava cantando hosanas ao Senhor da Vida, pois era a recompensa pelas bênçãos do amor que espalharam por seus caminhos.

Vivamos de tal forma que o nosso futuro possa ser a realização dos nossos sonhos!

◇

A você, caro leitor, que teve a bondade de ler a nossa humilde história, os nossos mais sinceros agradecimentos. Desejando muita paz em seu caminho, rogamos a Deus que o abençoe!

◇

CTP • Impressão • Acabamento
Com arquivos fornecidos pelo Editor

EDITORA e GRÁFICA
VIDA & CONSCIÊNCIA

R. Agostinho Gomes, 2312 • Ipiranga • SP
Fone/fax: (11) 6161-2739 / 6161-2670
e-mail:grafica@vidaeconsciencia.com.br
site: www.vidaeconsciencia.com.br